muffins
&cupcakes
BOCADOS EXQUISITOS

muffins
&cupcakes

BOCADOS EXQUISITOS

Lucrecia Pérsico

LIBSA

© 2012, Editorial LIBSA
C/ San Rafael, 4
28108 Alcobendas (Madrid)
Teléf.: 91 657 25 80
Fax: 91 657 25 83
e-mail:libsa@libsa.es
www.libsa.es

COLABORACIÓN EN TEXTOS:
Lucrecia Pérsico y equipo editorial Libsa
EDICIÓN: equipo editorial Libsa
DISEÑO DE CUBIERTA: equipo de diseño Libsa
MAQUETACIÓN: equipo de maquetación Libsa
ILUSTRACIONES: archivo Libsa

ISBN: 978-84-662-2371-3

Contenido

¿Muffins o cupcakes?

LA REPOSTERÍA ES UN ARTE QUE SE RENUEVA CONSTANTEMENTE; AÑO TRAS AÑO SE DESCUBREN NUEVAS APLICACIONES A INGREDIENTES YA CONOCIDOS Y SE EXPLORAN TÉCNICAS DE PREPARACIÓN O DE PRESENTACIÓN EN LAS QUE, A MENUDO, SE FUNDEN MÉTODOS TRADICIONALES DE DISTINTOS PAÍSES. TODO ELLO, EN CONJUNTO, CREA UN ESPECTRO CADA VEZ MÁS AMPLIO DE SABORES Y FORMAS.

En los últimos tiempos se han puesto de moda dos elaboraciones típicas de las cocinas inglesa y estadounidense: los muffins y los cupcakes. Llegan en un momento en el cual se tiene cada vez más conciencia de la importancia de tomar alimentos sanos fáciles de preparar en casa y sin un gran gasto de dinero o tiempo.

Para hacerlos no es necesario tener grandes conocimientos culinarios; las recetas básicas son muy sencillas y no obstante, gracias a la variada decoración, tienen un acabado espectacular. Tanto la forma de los muffins como la de los cupcakes recuerda a la de las magdalenas, pero aunque se suelen cocinar dentro de moldes de papel, son preparaciones diferentes.

Muffins. *Su aparición en los recetarios ingleses data del año 1703. Desde entonces se acostumbraban a tomar en los desayunos y meriendas o como tentempiés. Sus características más importantes son las siguientes:*

- La masa base se prepara rápidamente, mezclando apenas los ingredientes y sin batir.
- Pueden ser salados o dulces. Los primeros no llevan azúcar y los segundos sí, aunque muy poca cantidad.
- Suelen llevar en su interior frutas o frutos secos.
- No llevan ningún tipo de cobertura; como mucho, pueden estar espolvoreados con azúcar glas, con canela o con diferentes tipos de pequeñas semillas como las de amapola.

Cupcakes. *Estos pastelitos surgen en Estados Unidos, en el siglo XIX y aunque en la actualidad se cuecen en el horno dentro de moldes de papel, en su origen se hacían en tazones de barro o cerámica. Es probable que de ahí surja su nombre, que en inglés significa «pastel de taza», aunque hay quienes opinan que deriva de la manera de medir los ingredientes que se emplean en su preparación.*

En Estados Unidos es costumbre consumirlos en fiestas, decorándolos con motivos relacionados con el acontecimiento que se celebra (cumpleaños, bautizos, bodas, etc.). En realidad, los cupcakes son tartas o bizcochos hechos en recipientes pequeños (generalmente moldes de papel rizado), cuyos ingredientes pueden ser muy variados. Entre sus características caben destacarse:

- La masa se bate para que entre aire y suba más, confiriéndoles su característica forma de hongo.
- Son decididamente dulces.
- Admiten en su interior cualquier tipo de ingredientes: frutas, cremas, mermeladas, frutos secos, compotas, etc.
- Se presentan también cubiertos de diferentes sustancias: cremas, ganachés, merengue, nata montada, etc.
- La decoración es muy importante. Para hacerla se emplean figuras de azúcar, grageas y fideos de chocolate o confitados, moldes de diferentes colores o estampados, etc. La crema se les suele poner con una manga pastelera, empleando distintas boquillas para conseguir una amplia variedad de formas.

El placer en miniatura

Una de las ventajas que ofrecen los muffins y cupcakes es que en ellos se puede jugar con todo tipo de sabores y de texturas. Los primeros admiten también ingredientes salados, entre los que se incluyen pescados ahumados, carnes y quesos; en los segundos, tradicionalmente se han incorporado en un contexto dulce verduras como la zanahoria o la calabaza.

Los agridulces frutos del bosque se cuentan entre los más utilizados para rellenar estos pastelitos y los frutos secos como las nueces, las almendras y las avellanas ponen, junto con el chocolate, la suave nota amarga que armoniza el conjunto. Entre las combinaciones más empleadas pueden citarse:

Vainilla y chocolate

Es una de las combinaciones empleadas con mayor frecuencia. En su preparación pueden utilizarse diferentes concentraciones de cacao, para acentuar o disminuir su dulzura. También admiten el perfumado con diversos licores.

Nata y fresa

Son pocos los que pueden resistirse a esta deliciosa combinación en la cual la acidez de la fruta armoniza con el sabor dulce de la nata. Esta última, por su parte, es ideal para hacer vistosas decoraciones con el uso de la manga pastelera.

Crema

La crema es una de las preparaciones tradicionales de la repostería. Compuesta por productos sanos, naturales y muy nutritivos, es una de las que más aficionados presenta entre los paladares infantiles.

Salados

La preparación de muffins salados es un desafío para la imaginación. En ellos, las carnes, pescados, verduras y hortalizas se combinan en múltiples variantes para realzar el sabor de la sencilla masa de estos panecillos.

El color de la presentación

La textura y el color juegan un papel muy importante en la confección de los muffins y, sobre todo, de los cupcakes. Combinándolos adecuadamente, pueden emplearse para simbolizar los diferentes eventos o situaciones que se quieran celebrar con ellos. Algunos se obtienen con el empleo de frutos que tiñen las cremas; en otros, en cambio, es preciso recurrir a colorantes alimentarios para acentuar su tono o conseguir colores novedosos y llamativos. Entre los más utilizados caben señalarse:

Verde y rojo

Los cremas y objetos de este color se emplean, entre otras cosas, para representar la naturaleza, la llegada de la primavera y los atributos de San Patricio. El rojo es el color de la pasión, de los amores encendidos, ideal para celebrar el día de San Valentín. Junto con el verde y los tonos dorados, también se emplea para representar la Navidad mediante figuras de Santa Claus o de frutos de muérdago.

Blanco y anaranjado

El blanco solo o en combinación con tonos muy suaves y delicados es el color que más se emplea en las tartas de boda. En ellas el fondant natural, sin colorantes, es el principal protagonista. El anaranjado es, por su asoΔlas calabazas, el tono que mejor simboliza la fiesta de Halloween. Confiere a los cupcakes una apariencia luminosa, divertida y apetecible.

Marrón y morado

Este sobrio color, propio del chocolate y del café, apoya visualmente el toque amargo de estos ingredientes. Está presente en las cremas y cupcakes de cacao, ideales para celebrar la Pascua. El morado, aunque en la alimentación no es un color muy habitual, procede de las moras, los arándanos y las ciruelas y brindan la oportunidad de incluirlo en la decoración de sorprendentes pastelitos.

Otros colores

Los cupcakes muchas veces tratan de sorprender con un diseño novedoso y divertido, de hecho, admiten cualquier diseño. Por eso se pueden usar todo tipo de colorantes alimentarios en la cubierta. El rosa y el azul suaves pueden representar el mundo del bebé, pero con tonos más vibrantes son colores típicos de los cumpleaños.

Masas básicas

Aunque cada muffin o cada cupcake puede estar compuesto por distintos ingredientes, sí se puede hablar de masas básicas que, una vez aprendidas, se pueden variar o perfeccionar.

Masa para muffins

Ingredientes

Un huevo
235 ml de leche
80 ml de aceite de girasol
150 g de azúcar
140 g de harina
2 cucharaditas de levadura
Media cucharadita de bicarbonato
Una pizca de sal

Elaboración

Mezclamos ligeramente con las varillas el huevo, la leche y el aceite. Le añadimos el azúcar (si es que queremos muffins dulces) y luego la harina tamizada con la levadura, el bicarbonato y la sal, integrándola con una espátula y con pocos movimientos envolventes. Debe recordarse que no es necesario batir la mezcla. A esta preparación se le añaden diferentes ingredientes; luego se distribuyen en moldes y se cuecen en el horno.

Masa para cupcakes

No hay una masa específica para los cupcakes, ya que se pueden confeccionar con la receta de cualquier tarta. Sin embargo, hay cuatro ingredientes básicos que están presentes en todos ellos: harina, huevos, mantequilla (o aceite) y azúcar.

A lo largo de este libro se ofrecen recetas con una amplia variedad de ingredientes y sabores. Pero lo que distingue fácilmente a los cupcakes de otras presentaciones con forma similar, como son las magdalenas y los muffins, es su extraordinaria decoración.

En la decoración de los cupcakes intervienen no solo *frostings* o cremas sino, también, figuras sólidas confeccionadas con tres sustancias básicas: el chocolate, el fondant y la masa de azúcar para hacer flores. Cada uno de ellos debe trabajarse adecuadamente para obtener el resultado deseado.

Chocolate. Para hacer figuras con este ingrediente es recomendable fundir el chocolate al baño María, ya que se quema fácilmente y pierde muchas de sus propiedades. Una vez que se ha fundido y presenta una textura fácil de manejar y remover, debe ser templado; es decir, enfriado en un baño María inverso, poniendo el recipiente dentro de otro lleno de hielo. De este modo se evita la formación de cristales de azúcar y se consigue que el chocolate esté cremoso y brillante. A continuación, se vuelca en el molde y se deja secar hasta que está sólido. Conviene utilizar moldes de silicona ya que, por su flexibilidad, permiten el desmoldado sin que se rompa en caso de que el templado no sea perfecto.

Fondant. El fondant es una masa que se emplea para decorar tartas y pasteles. **Ingredientes:** ½ kg de azúcar • Una cucharada de glucosa • Una cucharada de zumo de limón • Agua

Elaboración. Ponemos el azúcar y la glucosa en un cazo y le echamos agua hasta que queden apenas cubiertas. Llevamos el cazo al fuego y preparamos un almíbar al punto de bola blanda. Este punto se reconoce cuando, al echar una gota en un vaso de agua fría, tomamos la bolita que se ha formado entre los dedos y vemos que es elástica y moldeable.

Una vez que el almíbar presenta esta textura, lo volcamos sobre una superficie (preferiblemente de mármol) mojada y le añadimos el zumo de limón. Como está muy caliente, es necesario trabajarlo con una espátula de madera, llevándolo desde los bordes hacia el centro. Veremos que, a medida que se mezcla, la masa cobra firmeza y va tomando un color cada vez más blanco. Finalmente, esta masa se estira y se emplea para decorar los cupcakes.

Masa de azúcar. Para hacer flores y otros objetos decorativos se emplea una masa elástica que, al secarse, se endurece. **Ingredientes:** 125 g de azúcar glas • 2 cucharaditas de cola de pescado en polvo • 6 cucharaditas de agua fría • Una cucharadita y cuarto de glucosa • 2 cucharadas de fécula de maíz (maicena) • Colorantes alimentarios

Elaboración. En la superficie de trabajo espolvoreamos el azúcar glas y colocamos en un cazo la cola de pescado (gelatina neutra) con agua fría. Removemos esta mezcla, le añadimos la glucosa y la ponemos al fuego muy bajo, batiéndola hasta que todos los elementos se hayan integrado. Antes de que hierva (es muy importante) la sacamos del fuego y la volcamos sobre el azúcar. Con una cuchara de madera, vamos integrando rápidamente el azúcar. Cuando su temperatura lo permita, empezamos a amasarla con las manos hasta obtener una textura suave, añadiéndole maicena, poco a poco, hasta que se despegue de las manos. Es muy importante no añadir demasiada maicena para que no pierda elasticidad.

Con un rodillo acrílico estiramos la masa y, tomando pequeñas porciones, confeccionamos las flores o las figuras. Es importante tener en cuenta que si queremos que sean de colores, debemos echar unas gotas de colorante a la mezcla de agua, cola de pescado y glucosa. La masa se puede guardar en la nevera envuelta en *film* y en un recipiente hermético.

Fiestas con tradición

Cada fiesta tradicional se ve realzada con las deliciosas preparaciones que proponemos, ideales para ser disfrutadas no solo con el paladar, sino también con la vista. En ellas están presentes los símbolos culturales que representan cada celebración:

Los corazones en San Valentín, los huevos de chocolate durante la Pascua, el color verde en la fiesta de San Patricio, los personajes terroríficos de Halloween y toda la simbología de la celebración de la Navidad.

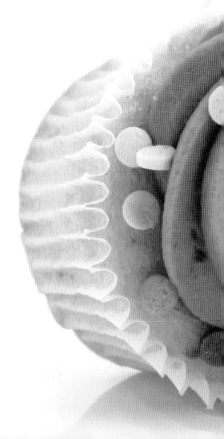

Besos de miel

Unidades: 12 • Tiempo de elaboración: 30 minutos • Dificultad: baja

INGREDIENTES

Aceite para engrasar

2 tazas de harina

75 g de azúcar

3 cucharaditas de levadura

¼ de cucharadita de sal

Un huevo

Una taza de leche

¼ de taza de miel

¼ de taza de mantequilla derretida

PARA DECORAR

2 cucharadas de azúcar glas o de canela

elaboración

Precalentamos el horno a 180 ºC y engrasamos con un poco de aceite 12 moldecillos, que pueden ser de papel o de silicona. Tamizamos en un bol la harina junto con el azúcar, la levadura y la sal. En otro bol batimos el huevo con la leche.

Derretimos la miel calentándola al baño María y, cuando esté líquida, la añadimos a la mantequilla previamente derretida, pero templada. Removemos con una cuchara de madera para que ambos ingredientes se mezclen y luego los vertemos sobre la harina, mezclándolos con movimientos suaves hasta formar una masa. Es importante no batir en exceso, ya que no conviene que entre aire en la masa para que los muffins no queden duros. Llenamos con esta preparación los moldes y los horneamos durante 15 minutos. Tras comprobar con un palillo o con la punta de un cuchillo que están perfectamente cocidos, los sacamos del horno y los dejamos enfriar sobre una rejilla.

presentación

El corazón es el símbolo ideal para San Valentín, por eso se emplean en la decoración de estos muffins. Para hacerlos, plegamos un trozo de papel vegetal de unos 10 cm de lado y dibujamos, junto al doblez, medio corazón. Recortamos con la tijera el dibujo de manera que, al desplegar el papel, tenga en su centro un hueco con forma de corazón. Siguiendo este procedimiento, hacemos el segundo corazón junto al primero.

Apoyando el papel sobre el muffin, espolvoreamos con azúcar glas (o con canela, si queremos corazones oscuros) y luego retiramos el papel con mucho cuidado para que el azúcar que haya en él no caiga sobre el muffin.

Bombón del amor

Unidades: 12 • Tiempo de elaboración: 1 hora • Dificultad: media

INGREDIENTES

Aceite para engrasar

3 huevos

Una naranja

250 g de azúcar

100 g de mantequilla

Una pizca de sal

Un yogur natural

250 g de harina

Un sobre de levadura

PARA DECORAR

280 g de chocolate de cobertura

280 g de nata

30 g de glucosa

70 g de mantequilla

Flores y corazones de azúcar

elaboración

Antes de comenzar con la preparación de los cupcakes, engrasamos con aceite los moldes y encendemos el horno a 180 ºC. Hecho esto, ponemos los tres huevos en la licuadora o en un bol y les añadimos la cáscara de una naranja rallada. Pelamos luego la naranja de los restos que puedan quedar, la cortamos en cubos y la sumamos a los huevos junto con el azúcar. Trituramos estos ingredientes con la licuadora o batidora eléctrica hasta conseguir una pasta que tenga la textura del puré. Agregamos a la preparación la mantequilla, una pizca de sal, un yogur natural y volvemos a mezclar. Finalmente, incorporamos la harina previamente tamizada con la levadura. Cuanto más tiempo se bata esta preparación, más esponjosos quedarán los cupcakes.

Con la masa que hemos preparado, rellenamos las tres cuartas partes de cada moldecito y los dejamos en el horno 20 minutos. Antes de sacarlos, comprobamos con un palillo o con un cuchillo que estén bien cocidos.

presentación

Rallamos el chocolate y lo reservamos. Ponemos al fuego la nata junto con la glucosa. Cuando rompa a hervir, le añadimos el chocolate y la mantequilla a temperatura ambiente. Mezclamos hasta conseguir una crema sin grumos, homogénea y lustrosa. Una vez que esté templada, la ponemos en la nevera para que tome cuerpo. Cuando los cupcakes se hayan enfriado y la crema esté bien sólida, llenamos con ella una manga pastelera con boquilla rizada y los decoramos. Completamos el trabajo poniéndoles encima una flor de azúcar y un corazón, símbolos tradicionales de San Valentín.

Cupcakes para enamorados

Unidades: 10 • Tiempo de elaboración: 45 minutos • Dificultad: media

INGREDIENTES

50 g de mantequilla y algo más para engrasar

2 huevos

80 g de azúcar moreno

100 g de cerezas trituradas

Un yogur natural

150 g de harina

Una cucharadita de bicarbonato

Una cucharadita de levadura

PARA DECORAR

250 g de queso para untar

100 g de azúcar glas

Colorante rojo

100 ml de nata para montar

Corazones de azúcar

elaboración

Encendemos el horno a 180 ºC y engrasamos los moldes de los cupcakes con un poco de mantequilla. En un bol, batimos las claras de los huevos a punto de nieve y reservamos. En otro bol batimos enérgicamente la mantequilla con el azúcar hasta conseguir una crema uniforme. Sin dejar de batir, añadimos las cerezas trituradas, el yogur y, poco a poco, la harina previamente tamizada con el bicarbonato y la levadura.

Cuando la harina se haya integrado, sumamos las claras batidas a punto de nieve y las mezclamos con una espátula, haciendo movimientos suaves y envolventes, desde abajo hacia arriba, para que no pierdan consistencia.

Rellenamos las tres cuartas partes de cada moldecillo con esta masa y horneamos los cupcakes a 180 ºC durante 15 minutos. Tras comprobar con un palillo que estén bien cocidos, los dejamos enfriar antes de decorarlos.

presentación

Ponemos en un bol el queso, el azúcar y añadimos dos o tres gotas de colorante alimentario rojo. Batimos hasta mezclar los ingredientes. En otro bol, batimos la nata hasta triplicar su volumen. Para comprobar que tenga la firmeza adecuada, levantamos un poco de nata con una cuchara y observamos si el resto hace picos.

Mezclamos con movimientos suaves las dos preparaciones y con el resultado llenamos una manga pastelera de boquilla rizada para decorar con ella los cupcakes (hay que hacerlo justo antes de servir). La decoración se completa con corazoncitos de azúcar rosas, blancos y rojos.

Dulces corazones

Unidades: 12 • Tiempo de elaboración: 50 minutos • Dificultad: baja

INGREDIENTES

150 g de harina de repostería

Una cucharadita de levadura

Una pizca de sal

100 g de almendras molidas

3 huevos

150 ml de yogur natural

50 g de mantequilla

Una cucharadita de esencia
de vainilla

PARA DECORAR

¼ kg de nubes blancas

Agua

Mantequilla para engrasar

½ kg de azúcar glas

Corazones y grageas rosas de azúcar

elaboración

Para elaborar estos cupcakes, en primer lugar, precalentamos el horno a 180 ºC. Mezclamos en un bol los ingredientes secos; es decir, tamizamos la harina con la levadura y la sal y añadimos las almendras molidas. En otro bol batimos los huevos junto con el yogur y, cuando estén mezclados, les añadimos la mantequilla derretida y la cucharadita de esencia de vainilla, removiendo bien la preparación con las varillas.

Agregamos los elementos sólidos, en dos veces, a los huevos, removiendo con la espátula, pero sin batir demasiado para que no entre aire en la masa. Tras engrasar 12 moldes de papel o de silicona, los rellenamos hasta sus tres cuartas partes con la pasta que hemos preparado y los ponemos a cocer en el horno alrededor de 20 o 25 minutos. Antes de sacarlos debemos comprobar con un palillo que están bien cocidos.

presentación

Ponemos en un bol las nubes troceadas con media cucharada de agua y las derretimos al baño María. Una vez fundidas, nos engrasamos las manos y la mesa con mantequilla; hacemos un volcán con el azúcar glas y volcamos en su centro la pasta de nubes. Amasamos incorporando poco a poco el azúcar hasta conseguir una pasta lisa. Si se quiebra con facilidad, le echamos media cucharadita de agua y si está muy dura, nos volvemos a engrasar las manos.

Cuando obtengamos una textura blanda y flexible, cubrimos con ella los cupcakes. Hacemos 12 bolitas y ponemos una sobre cada pastelito. Sobre ellas, clavamos un corazón de azúcar. A su alrededor, pegamos grageas muy pequeñas con el clásico color rosa que representa el amor.

Muffins de San Valentín

Unidades: 12 • Tiempo de elaboración: 40 minutos • Dificultad: baja

INGREDIENTES

180 cl de leche

180 g de mantequilla

300 g de harina para pastelería

20 g de levadura

Una pizca de sal

100 g de azúcar moreno

150 g de chocolate de cobertura

Una cucharadita de esencia de vainilla

3 huevos

2 cucharadas de azúcar blanco

PARA DECORAR

Moldes con forma de corazón de papel o silicona

elaboración

Precalentamos el horno a 180 ºC. Ponemos al fuego un cazo con la leche y la mantequilla hasta que se funda.

Tamizamos en un bol la harina con la levadura y una pizca de sal y la mezclamos con el azúcar moreno. Rallamos el chocolate de cobertura y lo añadimos a esta preparación. Una vez que la leche con mantequilla esté templada, se le agrega una cucharadita de esencia de vainilla y tres huevos, batiendo lo suficiente para mezclar los ingredientes. Volcamos la leche así preparada sobre la harina y con ayuda de una espátula, removemos la mezcla hasta conseguir una masa fina y uniforme. Con esta preparación se llenan las tres cuartas partes de moldes de papel o de silicona con forma de corazón.

Se espolvorean los muffins con azúcar blanco y se cocinan en el horno durante unos 20 minutos. Antes de sacarlos, hay que pinchar en el centro con un palillo; si sale seco, quiere decir que ya están cocidos.

presentación

Para estos muffins se emplean moldes con forma de corazón, símbolo tradicional de San Valentín. Pueden ser de papel o de silicona. Los colores más adecuados son el rojo, el blanco y el rosa, ya que son los que se usan para representar diferentes aspectos de las relaciones amorosas. El lazo completa la decoración dándole un toque sencillo, pero muy elegante.

INGREDIENTES

Aceite para engrasar • 260 g de mantequilla • 330 g de azúcar • Vainilla en polvo •
6 cucharaditas de agua de rosas • 3 huevos • 300 g de harina •
Una cucharadita de levadura

PARA DECORAR

¼ kg de fondant blanco • Colorante rojo • Corazoncitos de azúcar • Pétalos de rosa

elaboración

Precalentamos el horno a 180 ºC y engrasamos los moldes de los cupcakes con aceite. Ponemos en un bol la mantequilla a temperatura ambiente con 240 g de azúcar, una pizca de vainilla y dos cucharaditas del agua de rosas, y batimos hasta obtener una pasta. Añadimos dos huevos, de uno en uno, mezclándolos con 200 g de mantequilla.

Cuando todos los ingredientes se hayan mezclado, agregamos en dos o tres veces la harina tamizada con la levadura, mezclándola con una espátula y con movimientos envolventes. Rellenamos con esta mezcla los moldes hasta la mitad, y los dejamos en el horno durante 20 o 25 minutos. Tras comprobar que los cupcakes estén cocidos, los sacamos y los dejamos enfriar.

Para hacer el relleno, batimos bien el huevo que queda y lo reservamos. Calentamos a fuego lento en un cazo cuatro cucharaditas de agua de rosas junto con la mantequilla restante, removiendo la mezcla. Cuando la mantequilla se haya fundido, retiramos el cazo del fuego y le añadimos el huevo batiendo la mezcla enérgicamente hasta que sus componentes se integren. Después, añadimos el azúcar restante. Una vez que los cupcakes y el relleno estén fríos, cortamos en cada pastelito la tapa superior, les ponemos una cucharada de relleno y los volvemos a tapar.

presentación

Fundimos el fondant al baño María añadiéndole colorante rojo. Antes de que se solidifique, con una cucharilla, bañamos la superficie de los cupcakes y pegamos encima unos corazoncitos de azúcar.

Podemos poner cada pastelito en un recipiente de cerámica al que atamos un lazo rosa y los colocamos en una bandeja sobre la que habremos esparcido algunos pétalos de rosa.

Románticas rosas

Unidades: 12 • Tiempo de elaboración: 1 hora • Dificultad: baja

Conejitos de Pascua

Unidades: 20 • Tiempo de elaboración: 1 hora • Dificultad: baja

INGREDIENTES

Mantequilla para engrasar

2 tazas de harina

¼ de cucharadita de sal

¾ de taza de cacao en polvo (al 70% de cacao)

2 cucharaditas de levadura

Una taza y media de azúcar

6 huevos

75 g de leche

Media taza de aceite

2 cucharadas de nueces picadas

PARA DECORAR

¼ kg de fondant blanco

Colorante alimentario

¼ kg de azúcar glas

20 conejitos de azúcar

elaboración

Precalentamos el horno a 180 ºC y engrasamos los moldes de los cupcakes con mantequilla.

Tamizamos en un bol la harina junto con la sal, el cacao, la levadura y el azúcar y, en otro bol, batimos los huevos con la leche y el aceite. Cuando estos dos elementos se hayan integrado bien, le añadimos los elementos secos poco a poco, batiendo continuamente hasta obtener una crema lisa.

Añadimos las nueces picadas y rellenamos con el preparado las tres cuartas partes de cada molde. Ponemos los cupcakes en el horno durante unos 20 minutos y, antes de sacarlos, comprobamos con un palillo que estén bien cocidos.

presentación

Primero, haremos unos discos de fondant poniendo al fuego, al baño María, el fondant blanco hasta que se funda. Cuando se haya derretido, le echamos un par de gotas de colorante alimentario y lo volcamos sobre una superficie previamente rociada con azúcar glas. Esperamos a que se enfríe un poco y lo amasamos hasta conseguir una masa elástica. Si toma un aspecto quebradizo, lo rociamos con dos o tres gotas de agua.

Una vez que hemos obtenido la masa, la estiramos con un rodillo y cortamos los discos con un cortapastas. Ponemos uno sobre cada cupcake y, sobre ellos, los conejitos de azúcar, símbolo de la Pascua. Los pastelitos se presentan dentro de un segundo molde cuyo color haga juego con los tonos del pastel.

Cupcakes-nido

Unidades: 12 • Tiempo de elaboración: 40 minutos • Dificultad: media

INGREDIENTES

Una taza de leche entera • Una cucharada de vinagre blanco o de limón • 2 y ½ tazas de harina •
Media taza de cacao en polvo • Una cucharadita de levadura • Una cucharadita de bicarbonato
• Una pizca de sal • 170 g de mantequilla • 2 tazas de azúcar • 5 huevos •
Una cucharadita de esencia de vainilla

PARA DECORAR

12 huevos de codorniz • Colorantes alimentarios • 4 y ½ tazas de azúcar glas • Una taza
de cacao en polvo • 2 cucharaditas de extracto de vainilla • 7 cucharadas de leche • Media taza
de margarina • Florecitas de azúcar

elaboración

En una taza de leche entera echamos una cucharada de vinagre blanco o de zumo de limón y
dejamos que actúe durante cinco minutos.

Ponemos en un bol la harina, el cacao, la levadura, el bicarbonato y la sal; pasamos estos
ingredientes tres veces por un tamiz para que se mezclen bien y reservamos. Batimos la
mantequilla con el azúcar hasta conseguir una crema ligera y añadimos los huevos, de uno en uno,
mezclándolos muy bien en la masa antes de echar el siguiente. Añadimos a la crema la cucharadita
de vainilla y los ingredientes secos, pero no de una vez, sino en cuatro pasos, alternándolos con una
cuarta parte de la leche cada vez.

Rellenamos los moldes hasta la mitad y los cocinamos en el horno (que se habrá precalentado a
180 ºC) durante unos 20 minutos. Antes de sacarlos comprobamos con un palillo que están bien
cocidos. Los dejaremos enfriar.

presentación

Mientras los pastelitos se enfrían, hervimos los huevos de codorniz durante cinco minutos en un poco de agua a la que habremos añadido colorante alimentario y los dejamos enfriar en ese líquido para fijar el color.

Para el glaseado de chocolate, mezclamos bien el azúcar glas con el cacao en polvo y la vainilla y tamizamos la mezcla en un bol. Le añadimos la leche y mezclamos; luego la margarina, batiendo enérgicamente el tiempo que sea necesario hasta obtener una crema completamente uniforme, sin grumos y con un color homogéneo.

Rellenamos con ella una manga pastelera con boquilla lisa, de pico pequeño, y la dejamos unos 15 minutos en la nevera para que tome cuerpo. Luego trazamos con la manga círculos sobre cada cupcake formando los nidos y ponemos en cada uno un huevo ya teñido. La decoración se puede completar con unas florecitas de azúcar.

Huevos de Pascua

Unidades: 12 • Tiempo de elaboración: 1 hora • Dificultad: media

INGREDIENTES

Aceite para engrasar

150 g de mantequilla

150 g de azúcar glas

3 huevos

175 g de harina

Una cucharadita y media de levadura

Una cucharadita de esencia de vainilla

PARA DECORAR

36 huevos de codorniz

Colorante alimentario rojo

Colorante alimentario amarillo

150 g de mantequilla

250 g de azúcar glas

Una cucharadita de esencia de menta

Colorante alimentario verde

Una cucharada y media de leche

elaboración

Antes de iniciar la preparación de la masa, encendemos el horno a 180 °C y engrasamos los moldes para los cupcakes con aceite.

Batimos la mantequilla con el azúcar glas y cuando la mezcla sea homogénea, le añadimos los huevos de uno en uno sin dejar de batir. Agregamos la harina previamente tamizada con la levadura y la esencia de vainilla.

Rellenamos con la mezcla resultante las tres cuartas partes de cada molde y los cocemos en el horno durante unos 12 minutos. Antes de sacarlos, comprobamos con un palillo que estén bien cocidos.

presentación

Mientras los cupcakes se enfrían, hervimos los huevos durante siete minutos en tres recipientes diferentes. En uno añadimos al agua colorante rojo; en otro, colorante amarillo y en un tercero, ningún colorante o el color que deseemos. Luego los dejamos enfriar en la tintura.

Batimos la mantequilla, el azúcar glas, la esencia de menta, cinco gotas de colorante verde y la leche hasta obtener una pasta lisa y uniforme. La ponemos en la manga pastelera usando una boquilla de línea estriada y la dejamos reposar 15 minutos en la nevera. Decoramos los cupcakes partiendo del centro: presionamos la manga y la subimos ligeramente para formar los picos, simulando la hierba. Rematamos la decoración con el motivo más típico de Pascua: un huevo de cada color.

Aceite para engrasar • 2 yemas • 120 g de azúcar • 100 cc de nata •
Una cucharadita y ¼ de café instantáneo •
180 g de harina • Una cucharadita y media de levadura • Una pizca de sal •
Media cucharadita de bicarbonato

PARA DECORAR

36 huevos de codorniz • Colorante alimentario rojo, amarillo y verde •
75 g de mantequilla • 200 g de crema de queso • 400 g de azúcar glas •
Una cucharada de maicena • Unas gotas de leche •
Una cucharadita de esencia de vainilla

elaboración

Precalentamos el horno a 200 ºC y engrasamos los moldes con aceite. Batimos
en un bol las yemas con el azúcar hasta obtener una pasta cremosa. Le
añadimos la nata y una cucharadita de café disuelto en agua caliente. Cuando
se hayan incorporado estos ingredientes, sumamos la harina tamizada con la
levadura, la sal y el bicarbonato y mezclamos procurando que no entre mucho
aire a la masa.

Echamos la mezcla en moldes para muffins y horneamos a 180 ºC durante
unos 20 minutos. Antes comprobaremos que estén bien cocidos.

presentación

En un cazo con agua hirviendo echamos 10 gotas de colorante alimentario rojo y sumergimos en
ella 12 huevos de codorniz. A los cinco minutos los retiramos del fuego y los dejamos enfriar en el
mismo cazo. Hacemos la misma operación con otros 12 huevos, pero usando colorante amarillo y
con los 12 finales, usando colorante verde. Batimos enérgicamente la mantequilla hasta que
comienza a blanquear (mejor hacerlo con la batidora eléctrica). Le añadimos la crema de queso, el
azúcar y la maicena. Mezclamos en una taza el café sobrante con unas gotas de leche y con la
esencia de vainilla, y añadimos este preparado a la crema. Rellenamos la manga pastelera con esta
crema trazando un círculo o nido sobre el muffin y colocando dentro un huevo de cada color.

Muffins capuchinos

Unidades: 12 • Tiempo de elaboración: 50 minutos • Dificultad: baja

elaboración

Precalentamos el horno a 175 ºC y engrasamos los moldes de los cupcakes con un poco de mantequilla.

Ponemos el chocolate de cobertura troceado en un bol junto con la mantequilla y lo fundimos al baño María. Batimos los huevos con el azúcar y le agregamos, poco a poco, el chocolate fundido. Cuando la mezcla sea homogénea, añadimos la harina previamente tamizada con la sal y la esencia de vainilla.

Rellenamos con este preparado los moldes y cocemos los cupcakes en el horno entre 18 y 20 minutos.

presentación

Ponemos la nata en un bol y este, a su vez, dentro de otro que contenga agua con hielo y una cucharada de sal gorda. Batimos con movimientos desde abajo hacia arriba y cuando hayamos conseguido un líquido denso, le añadimos la mitad del azúcar en forma de lluvia. Continuamos batiendo y luego agregamos el azúcar restante. Seguimos moviendo las varillas hasta que la nata triplique su volumen y muestre una consistencia firme.

Separamos la nata en dos partes y a una le añadimos unas gotas de colorante verde. Rellenamos con nata la manga pastelera con boquilla rizada y decoramos los cupcakes, unos con nata blanca y otros con verde. Finalizamos la operación esparciendo sobre los pastelitos *toppings* blancos o verdes, que es el color de San Patricio.

Cupcakes en verde

Unidades: 12 • Tiempo de elaboración: 40 minutos • Dificultad: baja

INGREDIENTES

Una taza y media de mantequilla y algo más para engrasar • 120 g de chocolate de cobertura (mínimo, al 52% de cacao) • 4 huevos • Una taza y media de azúcar • Una taza y media de harina • Media cucharadita de sal • Una cucharadita de esencia de vainilla

PARA DECORAR

250 ml de nata para montar • 100 g de azúcar glas • Colorante alimentario verde • *toppings* de color blanco y verde

Muffins dublineses

Unidades: 12 • Tiempo de elaboración: 30 minutos • Dificultad: baja

INGREDIENTES

Aceite para engrasar

280 g de harina

Media cucharadita de levadura

5 cucharadas de cacao en polvo

Media cucharadita de bicarbonato

175 g de azúcar moreno

2 huevos

170 ml de leche

150 g de mantequilla derretida

200 g de perlas o grageas de chocolate

PARA DECORAR

Moldes de papel de color verde o estampados con tréboles

Cintas de color verde

elaboración

Precalentamos el horno a 200 ºC y engrasamos bien los moldes para muffins. Pueden ser de papel o metálicos. En un bol, tamizamos todos los ingredientes secos (la harina, la levadura, el cacao, el bicarbonato y el azúcar) y, en otro, batimos los huevos con la leche y la mantequilla derretida. Incorporamos el contenido del otro bol y las perlas de chocolate a los huevos, pero con muy pocos movimientos; si quedan trazas de harina sin mezclarse, no importa, ya que se incorporarán a la masa durante la cocción.

Llenamos las tres cuartas partes de los moldes con esta preparación y horneamos los muffins durante 15 o 20 minutos. Antes de sacarlos del horno, comprobaremos con un palillo si están bien cocidos.

presentación

Aunque los muffins se pueden bañar y decorar con diferentes tipos de cremas, en este caso resultan deliciosos tal y como están, ya que el sabor y el aroma del chocolate es muy pronunciado. Si se quiere, para resaltar su presentación, también se puede emplear para cada uno un segundo molde de papel en el tradicional color verde de San Patricio o estampado con tréboles o motivos florales y ponerles un lazo de cinta muy fina en un tono de verde que contraste.

Tréboles de San Patricio

Unidades: 12 • Tiempo de elaboración: 50 minutos • Dificultad: baja

INGREDIENTES

200 g de mantequilla y algo más para engrasar

250 g de azúcar

5 huevos

260 g de harina

Una cucharadita de levadura

Una pizca de sal

100 g de pistachos molidos

PARA DECORAR

250 g de grasa vegetal

250 g de mantequilla

Una cucharadita de esencia de vainilla

450 g de azúcar glas

Colorante verde

12 tréboles de azúcar

elaboración

Precalentamos el horno a 180 ºC y engrasamos los moldes con un poco de mantequilla.

Batimos la mantequilla con el azúcar hasta formar una pasta lisa y uniforme. Añadimos los huevos, uno a uno y sin dejar de batir. Cuando los ingredientes se hayan mezclado bien, sumamos a la preparación la harina tamizada con la levadura y la sal. Por último, los pistachos molidos se integran en la masa con ayuda de una espátula y con movimientos suaves y envolventes. Como estos cupcakes no suben tanto como otros, es necesario rellenar un poco más de sus tres cuartas partes con la preparación si queremos que sobresalgan del molde.

Los ponemos a cocer en el horno durante 20 minutos y, antes de sacarlos, comprobamos con un palillo que estén cocidos.

presentación

Batimos la grasa vegetal (la venden en tiendas especializadas en pastelería), junto con la mantequilla y una cucharadita de esencia de vainilla. Luego, poco a poco, le vamos añadiendo el azúcar glas hasta formar una pasta con consistencia firme. Por último, añadimos unas gotas de colorante verde hasta obtener el tono deseado.

Con esta crema rellenamos una manga pastelera de boquilla rizada y la guardamos en la nevera un cuarto de hora para que adquiera mayor consistencia. Finalmente, dibujamos sobre los cupcakes unos copetes con la crema y terminamos la decoración con el simbólico trébol de San Patricio.

Cupcakes de calabaza

Unidades: 15 • Tiempo de elaboración: 50 minutos • Dificultad: baja

INGREDIENTES

Mantequilla para engrasar • 400 g de calabaza • 300 g de azúcar moreno • 4 huevos •
300 g de harina • 2 cucharadas de levadura • Un pellizco de sal •
Una cucharadita de canela en polvo • Un puñado de nueces • 175 ml de aceite

PARA DECORAR

250 g de queso para untar • 150 g de azúcar glas •
300 ml de nata para montar • Grageas de colores

elaboración

Precalentamos el horno a 180 ºC y engrasamos los moldes que vamos a
utilizar. Cortamos la calabaza cruda en cuadrados y la trituramos hasta
obtener una masa fina. Le añadimos el azúcar y volvemos a triturar.
Agregamos los huevos, la harina tamizada con la levadura, la sal y la canela,
la mitad de las nueces y el aceite. Trituramos nuevamente hasta que la masa
sea completamente uniforme. Le añadimos el resto de las nueces picadas y
con este preparado rellenamos las tres cuartas partes de los moldes.
Horneamos los pastelitos durante 25 minutos. Antes de sacarlos,
comprobaremos con un palillo si están bien cocidos.

presentación

Echamos en un cuenco el queso cremoso junto con la mitad del azúcar y lo trabajamos con una
espátula de madera o silicona hasta conseguir una textura uniforme y sin grumos. Ponemos la nata
en un bol que sumergimos en un cuenco con agua, hielo y una cucharada de sal gorda. A esta
temperatura, la nata se monta firmemente. Cuando empiece a tomar cuerpo, le añadimos el
azúcar restante. Por último, mezclamos las dos preparaciones. Decoramos con la crema de queso
los pastelitos y esparcimos sobre ellos grageas de colores marrón, naranja y amarillo.

Feliz Halloween

Unidades: 24 • Tiempo de elaboración: 40 minutos • Dificultad: baja

INGREDIENTES

Aceite para engrasar

4 tazas de harina

2 tazas de azúcar

1 ½ cucharada de levadura

Una cucharadita de sal

2 huevos

8 cucharadas de mantequilla

2 tazas de leche

Una cucharada de esencia de vainilla

PARA DECORAR

½ l de leche

Un limón

125 g de azúcar

Una cucharadita de canela en polvo

35 g de maicena

5 yemas de huevo

Colorantes alimentarios de color rojo y amarillo

Chispas de azúcar de colores

elaboración

Precalentamos el horno a 220 ºC y engrasamos los moldes para muffins. En un bol grande tamizamos la harina con el azúcar, la levadura y la sal. En otro, batimos los huevos junto con la mantequilla derretida, la leche y la vainilla.

Unimos ambas preparaciones con la menor cantidad de movimientos posibles; la pasta debe quedar más bien grumosa. Con la pasta resultante, rellenamos los moldecitos y los horneamos a 220 ºC durante unos 20 minutos. Antes de sacarlos del horno comprobamos que estén cocidos introduciendo un palillo en uno de ellos y observando si sale seco.

presentación

Del medio litro de leche, reservamos medio vaso y ponemos el resto en un cazo junto con la corteza de medio limón, el azúcar y la canela. Mientras dejamos estos ingredientes cocinar a fuego lento, disolvemos la maicena en la leche que hemos reservado. Batimos los huevos en un cazo y le agregamos la leche con la maicena. Cuando la leche que está al fuego rompa a hervir, la añadimos a los huevos batiendo enérgicamente.

Ponemos la mezcla a fuego lento uno o dos minutos para que cuaje completamente, desechamos la cáscara de limón, y le añadimos unas gotas de colorante amarillo y otras de rojo para obtener un tono anaranjado. Con esta mezcla cubrimos los muffins. Completamos la decoración con chispas de azúcar de distintos colores.

Muffins con tela de araña

Unidades: 10 • Tiempo de elaboración: 1 hora y 30 minutos • Dificultad: media

elaboración

Cortamos la calabaza, la ponemos en una olla junto con el palito de canela, la cáscara de un limón y una pizca de sal. Cubrimos estos ingredientes con agua y los ponemos al fuego. Cuando la calabaza esté cocida, la colamos, retiramos el palito de canela y trituramos el resto con la batidora añadiendo los demás ingredientes hasta conseguir una masa uniforme.

Precalentamos el horno a 160 ºC; volcamos la preparación en los moldes de papel y horneamos durante unos 20 minutos. Antes de sacarlos del horno, comprobamos que los muffins estén cocidos pinchando uno de ellos con un palito y verificando que sale seco.

presentación

Antes de que los muffins se hayan enfriado, ponemos en una cazuela el chocolate blanco y lo derretimos al baño María. Una vez fundido, cubrimos con él los muffins.

Inmediatamente, derretimos el chocolate de cobertura, lo ponemos dentro de un cucurucho de papel vegetal (también puede usarse una jeringa). Utilizando el cucurucho a modo de manga pastelera, trazamos círculos concéntricos sobre cada muffin y, antes de que se enfríe, pasamos un palillo como si se marcaran los cortes de una tarta, desde el centro hacia afuera, formando una vistosa y terrorífica tela de araña.

INGREDIENTES

1 kg de calabaza • Una varita de canela en rama • Un limón • Una pizca de sal •
180 g de azúcar moreno • 100 g de chocolate de cobertura rallado •
180 g de harina • Un sobre de levadura • 180 g de aceite de girasol

PARA DECORAR

Una tableta de chocolate blanco •
75 g de chocolate de cobertura

Noche de brujas

Unidades: 12 • Tiempo de elaboración: 50 minutos • Dificultad: media

INGREDIENTES

200 g de mantequilla y algo más para engrasar

250 g de azúcar

5 huevos

260 g de harina

Una cucharadita de levadura

Una pizca de sal

4 cucharadas de cacao en polvo

400 g de zanahoria rallada, muy fina

PARA DECORAR

400 g de azúcar blanco

Agua

Colorante rojo y amarillo

4 claras de huevo

Grageas de chocolate con forma de estrella

Un gato negro de azúcar

Una calabaza de azúcar

elaboración

Precalentamos el horno a 180 ºC y engrasamos los moldes con un poco de mantequilla. Batimos la mantequilla con el azúcar hasta formar una pasta lisa y uniforme. Añadimos los huevos, uno a uno y sin dejar de batir. Cuando los ingredientes se hayan mezclado bien, sumamos a la preparación la harina tamizada con la levadura, la sal y el cacao en polvo. Por último, agregamos las zanahorias ralladas, uniéndolas a la masa con ayuda de una espátula y con movimientos suaves y envolventes.

Como estos cupcakes no suben tanto como otros, es necesario rellenar un poco más de sus tres cuartas partes con la preparación si queremos que sobresalgan del molde. Los ponemos a cocer en el horno durante 20 minutos y, antes de sacarlos, comprobamos con un palillo que estén cocidos, aunque no saldrá tan seco como otras veces, debido a la humedad de la zanahoria.

presentación

Colocamos el azúcar en un cazo y le echamos agua hasta que apenas lo cubra. Añadimos al agua unas gotas de colorante rojo y otras de colorante amarillo de modo que quede de un tono anaranjado. Ponemos el cazo a fuego muy bajo y hacemos un jarabe a punto de hilo flojo (cuando, al tomar una gota entre los dedos, al separarlos, forma hilos finos y quebradizos).

En un bol batimos las claras a punto de nieve y le incorporamos el jarabe muy lentamente y sin dejar de batir (es mejor hacerlo con una batidora eléctrica). Continuamos moviendo el merengue hasta que esté completamente frío. Debe tener una apariencia sólida y brillante, y hacer picos cuando se levanta con una cuchara. Rellenamos con él la manga pastelera y decoramos los cupcakes, colocando encima *toppings* de chocolate y un gato y una calabaza de azúcar.

Truco o trato

Unidades: 12 • Tiempo de elaboración: 50 minutos • Dificultad: baja

INGREDIENTES

125 g de mantequilla y algo más para engrasar • 2 cucharadas de leche •
Una cucharada de café instantáneo • 125 g de azúcar moreno •
2 huevos • 125 g de harina • 2 cucharaditas de levadura •
Una cucharadita de extracto de vainilla •
50 g de cacao en polvo

PARA DECORAR

500 g de azúcar glas • 100 g de grasa vegetal • 75 ml de leche desnatada •
5 ml de extracto de vainilla • 2 cucharadas de chispas de chocolate •
2 cucharadas de grageas anaranjadas

elaboración

Precalentamos el horno a 200 °C y engrasamos los moldes de los cupcakes. Calentamos la leche, disolvemos en ella el café instantáneo y lo reservamos.

Batimos firmemente la mantequilla con el azúcar hasta que blanquee. Añadimos los huevos, de uno en uno, la leche con café y la harina tamizada junto con la levadura y la vainilla, en dos veces. Por último, añadimos el cacao en polvo, mezclando bien. Con esta pasta rellenamos los moldecillos y los horneamos a 200 °C durante unos 20 minutos.

presentación

Aunque podemos hacer esta crema con varillas manuales, es mejor utilizar una batidora eléctrica. Ponemos en un bol el azúcar y la grasa vegetal y batimos firmemente hasta conseguir una crema lisa y uniforme. Lentamente, y sin dejar de batir, añadimos la leche y luego la vainilla.

Untamos con esta crema la superficie de los cupcakes y completamos la decoración esparciendo sobre ellos unas chispas de chocolate y grageas de color anaranjado.

Acebo mágico

Unidades: 16 • Tiempo de elaboración: 1 hora y 30 minutos • Dificultad: media

INGREDIENTES

Media taza de cacao amargo (al 70%)

Media taza de agua caliente

Una taza y media de harina

Media cucharadita de bicarbonato

Media cucharadita de levadura

Media cucharadita de sal

Una taza de azúcar

170 g de mantequilla

2 huevos grandes

Una cucharadita y media de esencia
de vainilla

Media taza de yogur natural

PARA DECORAR

250 g de fondant blanco

Colorante alimentario verde

Colorante alimentario rojo

Azúcar glas

elaboración

Mezclamos en un bol el cacao con agua caliente, removiéndolo hasta que estos ingredientes se integren. En otro bol, tamizamos la harina junto con el bicarbonato, la levadura y la sal.

Ponemos al fuego, en una cazuela, el azúcar y la mantequilla removiendo la mezcla hasta se funda. Una vez fría, la batimos y le añadimos los huevos uno a uno, la vainilla y el chocolate ya preparado (es preferible mezclar con una batidora eléctrica). Sin dejar de batir, agregamos la harina y el yogur en dos veces; primero la mitad y luego el resto.

Rellenamos las tres cuartas partes de los moldes de cupcakes y los cocinamos en el horno, ya precalentado, a 180 ºC, durante unos 20 minutos.

presentación

Disolvemos el fondant en una cazuela al baño María. Una vez fundido, separamos cuatro cucharadas y las teñimos con colorante alimentario rojo; luego, apartamos otras cuatro y las teñimos con colorante verde. Volcamos el fondant verde sobre el mármol y lo trabajamos con un poco de azúcar glas. Con un cuchillo damos forma a las hojas de acebo y las dejamos secar sobre papel vegetal. Volcamos el fondant rojo sobre el mármol y con él hacemos las bolitas que simulan los frutos. Estiramos el fondant blanco y lo cortamos tal como se muestra en la ilustración. Ponemos un trozo sobre cada cupcake y, sobre él, las hojas de muérdago y sus frutos rojos, símbolos de la Navidad.

Árbol navideño

Unidades: 12 • Tiempo de elaboración: 1 hora y 10 minutos •
Dificultad: baja

INGREDIENTES

Mantequilla para engrasar • 3 huevos • 100 ml de aceite • 50 ml de leche •
125 g de azúcar • 200 g de harina • 2 y ½ cucharaditas de levadura •
Una cucharadita de esencia de vainilla •
Una cucharada grande de jengibre fresco rallado

PARA DECORAR

¼ kg de nubes blancas • Mantequilla para engrasar • ½ kg de azúcar glas •
Perlas plateadas de azúcar

elaboración

Precalentamos el horno a 180 ºC y engrasamos los moldes para los cupcakes. Batimos los huevos con el aceite y la leche; les añadimos el azúcar y luego, poco a poco, la harina tamizada junto con la levadura y la esencia de vainilla.

Mezclamos bien todos los ingredientes y, cuando la masa sea uniforme, añadimos una cucharada de jengibre fresco rallado, en virutas muy finas. Llenamos los moldes con esta preparación y los horneamos durante 25 minutos. Antes de sacarlos del horno, comprobamos con un palillo que estén bien cocidos.

presentación

Ponemos en un bol las nubes troceadas con media cucharada de agua y las derretimos al baño María, removiéndolas con una cuchara de madera. Una vez fundidas, nos engrasamos las manos y la mesa con mantequilla; hacemos un volcán con el azúcar glas y volcamos en su centro la pasta de nubes. La estiramos y recogemos con una espátula, ya que puede quemar, y luego la amasamos con las manos, incorporando poco a poco el azúcar hasta conseguir una pasta lisa y flexible.

Si se quiebra con facilidad, le echamos media cucharadita de agua y si está muy dura, nos volvemos a engrasar las manos. Con esta masa cubrimos los cupcakes, poniéndoles por encima perlas plateadas. El detalle del arbolito de navidad coronado con una estrella se puede comprar en tiendas especializadas.

Cupcakes de Nochebuena

Unidades: 12 • Tiempo de elaboración: 1 hora y 20 minutos • Dificultad: baja

INGREDIENTES

Aceite para engrasar

150 g de harina

Una cucharadita de levadura

Una pizca de sal

150 g de chocolate (al 80%)

100 g de frutos secos picados (nueces, almendras, pasas de uva)

3 huevos

150 ml de yogur natural

100 g de mantequilla

Una cucharadita de esencia de vainilla

PARA DECORAR

500 g de azúcar glas

100 g de grasa vegetal

75 ml de leche desnatada

5 ml de extracto de vainilla

Colorante alimentario verde

Florecitas de azúcar blancas

elaboración

Precalentamos el horno a 180 °C y engrasamos con aceite los moldecitos para los cupcakes.

Mezclamos en un bol la harina tamizada con la levadura, la sal y el chocolate rallado y le añadimos los frutos secos bien picados. En otro bol batimos los huevos junto con el yogur y, cuando estén mezclados, les añadimos la mantequilla derretida y la vainilla.

Removemos bien la preparación con las varillas y cuando la mezcla sea uniforme, le añadimos los elementos sólidos en dos veces, mezclando con la espátula, pero sin batir demasiado.

Rellenamos las tres cuartas partes de los moldes con esta pasta y los ponemos a cocer en el horno 20 o 25 minutos. Antes de sacarlos comprobamos con un palillo que están bien cocidos.

presentación

Ponemos en el vaso de la batidora el azúcar y la grasa vegetal; batimos firmemente estos ingredientes hasta conseguir una crema lisa y uniforme. Lentamente, y sin dejar de batir, añadimos la leche y luego la vainilla. Una vez que se hayan incorporado, añadimos unas gotas de colorante verde, batiendo para mezclarlo, hasta obtener el tono deseado.

Ponemos esta crema en la manga pastelera y decoramos los cupcakes. Completamos el trabajo esparciendo sobre ellos pequeñas flores de azúcar, blancas.

Muffins de Navidad

Unidades: 12 • Tiempo de elaboración: 1 hora • Dificultad: baja

INGREDIENTES

3 manzanas • Un palito de canela • Una pizca de sal • 180 g de azúcar moreno •
180 g de harina • Un sobre de levadura • 180 g de aceite de girasol •
Una cucharada y media de canela en polvo

PARA DECORAR

¼ kg de azúcar glas • 2 cucharadas de canela

elaboración

Pelamos las manzanas, las cortamos en cuartos, les quitamos las semillas y las ponemos a hervir con un palito de canela, apenas tapadas de agua durante 15 minutos. Luego las retiramos del fuego, las colamos y las trituramos. Añadimos los demás ingredientes y volvemos a triturar hasta conseguir una masa uniforme.

Precalentamos el horno a 180 ºC, engrasamos los moldes y los rellenamos con la preparación. Los horneamos durante 25 minutos y, antes de sacarnos del horno, comprobamos que estén bien cocidos pinchando uno con un palillo.

presentación

Mezclamos en un recipiente el azúcar glas con dos cucharadas de canela; las echamos en un colador pequeño, de trama fina y espolvoreamos los muffins con la mezcla. Para mejorar la presentación, podemos utilizar bandas anchas de papel estampado con motivos navideños dorados y ponerlas alrededor de cada muffin sujetándolas con una cinta y un lazo.

El cuenco o bandeja que empleemos para llevarlos a la mesa pueden adquirir una mayor importancia; el color y el aspecto más bien rústico de estos pastelitos combina muy bien con las esterillas de paja y ofrecen otro aspecto a la Navidad. Completamos la presentación con virutas de papel doradas.

Nieve invernal

Unidades: 12 • Tiempo de elaboración: 50 minutos • Dificultad: baja

INGREDIENTES

100 g de mantequilla y algo más para engrasar
75 g de azúcar
2 huevos enteros, más otras 2 claras
115 g de harina
2 cucharaditas de levadura
Media cucharadita de sal
Media taza de coco rallado
185 ml de leche de coco

PARA DECORAR

250 ml de nata para montar
100 g de azúcar glas
Perlitas de azúcar plateadas
Estrellas de azúcar azules

elaboración

Precalentamos el horno a 170 ºC y engrasamos los moldes para los cupcakes.

En un bol batimos la mantequilla a temperatura ambiente con el azúcar hasta conseguir una mezcla espumosa y suave. Le añadimos los huevos y las claras, de una en una, sin dejar de batir.

Tamizamos la harina junto con la levadura, la sal y el coco rallado y la agregamos a la mantequilla, poco a poco, alternándola con la leche de coco. Para que no pierda esponjosidad, no hay que batir demasiado, sino mezclar con una espátula.

Rellenamos las tres cuartas partes de los moldes y los horneamos durante unos 20 minutos. Antes de sacarlos, verificamos que están cocidos.

presentación

Ponemos en un bol grande agua, cubitos de hielo y una cucharada de sal gorda. Dentro de el, usamos otro cuenco con la nata para montarla mejor. Batimos con movimientos desde abajo hacia arriba y, cuando haya adquirido más densidad, le añadimos el azúcar poco a poco, en forma de lluvia, sin dejar de batir. Seguimos trabajando la preparación hasta que la nata haga picos al levantar las varillas. Es importante no batirla excesivamente, ya que entonces se convertiría en mantequilla.

Rellenamos la manga pastelera con la nata y decoramos los cupcakes. Finalizamos el trabajo poniéndole perlitas plateadas y estrellitas de azúcar azules. La presentación de los cupcakes en moldes de papel azul con dibujos de cristales de nieve hace alusión al invierno y a la Navidad.

elaboración

Precalentamos el horno a 180 °C y engrasamos los moldes de muffins con aceite. En un recipiente grande ponemos todos los ingredientes secos menos el chocolate; es decir, harina, azúcar moreno, sal, levadura y anís verde. En otro bol, batimos el huevo con la mantequilla y la leche.

Mezclamos ambas preparaciones removiendo solo lo suficiente como para que la harina quede incorporada. Por último, con unos pocos movimientos suaves, añadimos las grageas de chocolate.

Rellenamos las tres cuartas partes de cada molde con este preparado y los ponemos al horno durante unos 25 minutos. Antes de sacarlos comprobamos con un palillo que estén bien cocidos.

presentación

Una vez que los muffins se hayan enfriado, con ayuda de un colador, los espolvoreamos con azúcar glas.

En un cazo pequeño, derretimos el chocolate al baño María. Una vez que esté fundido, hacemos un cono con papel vegetal y lo volcamos en su interior para emplearlo a modo de manga. Cortamos la punta inferior del cono y, con él, trazamos líneas en la superficie de los muffins. Antes de que el chocolate se seque, esparcimos sobre los pastelitos grageas de colores, que quedarán pegadas. Completamos la decoración con adornos navideños de azúcar que venden en tiendas especializadas: figuritas de Papá Noel, velitas, estrellas, calcetines, campanas, etc.

Pastelitos de Adviento

Unidades: 12 • Tiempo de elaboración: 50 minutos • Dificultad: baja

INGREDIENTES

Aceite para engrasar • 170 g de harina • 75 g de azúcar moreno •
Una pizca de sal • Una cucharadita de levadura • 2 cucharaditas de anís verde en polvo •
Un huevo • 50 g de mantequilla derretida • 100 ml de leche •
100 g de grageas de chocolate

PARA DECORAR

4 cucharadas de azúcar glas • 100 g de chocolate de cobertura •
100 g de fideos de colores • Figuritas de azúcar con motivos navideños

Sorpresa para Papá Noel

Unidades: 12 • Tiempo de elaboración: 50 minutos • Dificultad: baja

INGREDIENTES

Mantequilla para engrasar

2 melocotones en almíbar
(o 4 mitades)

300 g de azúcar moreno

4 huevos

300 g de harina

2 cucharadas colmadas de levadura

Un pellizco de sal

Una cucharada de canela en polvo

175 ml de aceite

PARA DECORAR

250 ml de nata para montar

100 g de azúcar glas

Grageas de colores

12 figuritas de Papá Noel de azúcar

elaboración

Precalentamos el horno a 180 ºC y engrasamos con mantequilla los moldes de los cupcakes.

Cortamos medio melocotón en cubos pequeños y lo reservamos. Trituramos el melocotón y medio restante, le añadimos el azúcar y volvemos a triturar. Agregamos los huevos, la harina tamizada con la levadura, la sal y la canela y el aceite. Trituramos nuevamente hasta que la masa sea completamente uniforme. Mezclamos el melocotón cortado con movimientos envolventes y con este preparado rellenamos las tres cuartas partes de los moldes.

Horneamos los pastelitos durante 25 minutos. Antes de sacarlos, comprobaremos con un palillo si están bien cocidos.

presentación

Ponemos la nata en un bol y este a su vez dentro de otro recipiente con agua muy fría, cubitos de hielo y una cucharada de sal gorda. Comenzamos a batir con las varillas y cuando el líquido esté bastante espeso, le añadimos el azúcar muy lentamente, en forma de lluvia, sin dejar de batir. Seguimos trabajando la nata con las varillas hasta que triplique su volumen y esté firme.

Rellenamos con la nata una manga pastelera de boquilla rizada y ponemos un copete sobre cada cupcake. Completamos la decoración con grageas de colores y con un Papá Noel de azúcar sobre cada pastelito. Es el tentempié ideal para que los niños se lo dejen a Papá Noel a cambio de sus regalos.

Uvas de la suerte

Unidades: 12 • Tiempo de elaboración: 1 hora • Dificultad: media

elaboración

En medio vaso de leche entera echamos una cucharada de vinagre blanco o de zumo de limón y reservamos. Precalentamos el horno a 200 ºC y engrasamos los moldes. Batimos la margarina con el azúcar hasta obtener una crema lisa. Le añadimos los huevos, la sal, la canela, la miel y, si han transcurrido cinco minutos desde que hemos puesto el vinagre a la leche, también esta, mezclando todo con movimientos suaves.

Sumamos a la preparación la harina tamizada con la levadura y la mezclamos con pocos movimientos.

Por último, agregamos las uvas lavadas, cortadas por la mitad y sin semillas, y las nueces picadas mezclándolas con movimientos envolventes. Rellenamos con esta preparación las tres cuartas partes de los moldecillos y los dejamos en el horno, a 200 ºC durante 35 minutos. Antes de sacarlos, comprobamos con un palillo que estén bien cocidos.

presentación

Cuando los muffins estén fríos, los espolvoreamos con azúcar glas. Pinchamos cada uva en un palillo y los clavamos en los muffins.

En un cazo, derretimos el chocolate al baño María y rellenamos con él un cono de papel vegetal que utilizaremos a modo de manga. Con él trazamos líneas onduladas en la superficie del pastelito y en las uvas.

INGREDIENTES

Medio vaso de leche • Una cucharada de vinagre blanco o zumo de limón •
120 g de margarina y algo más para engrasar • 60 g de azúcar • 2 huevos •
Media cucharadita de sal • Media cucharadita de canela • 60 g de miel •
270 g de harina • 2 cucharaditas de levadura • 300 g de uvas •
100 g de nueces picadas

PARA DECORAR

4 cucharadas de azúcar glas • 12 uvas •
100 g de chocolate de cobertura

Sorpresas divertidas

Toda ocasión se puede amenizar con estos divertidos y sorprendentes muffins y cupcakes. Sus decoraciones, variadas pero sencillas, los hacen adaptables a cualquier momento del día o del año. Solo es necesario poner en juego la imaginación y tener buenos comensales, en muchas ocasiones niños, que gozarán del sabor y la presentación de estos pequeños manjares.

Aftereight

Unidades: 16 • Tiempo de elaboración: 1 hora • Dificultad: media

INGREDIENTES

Aceite para engrasar

240 ml de agua

50 g de chocolate (al 80% de cacao)

175 g de harina

2 cucharaditas de levadura

Una pizca de sal

113 g de mantequilla a temperatura ambiente

200 g de azúcar

2 cucharaditas de esencia de vainilla

2 huevos grandes

PARA DECORAR

¼ kg de nubes blancas

Esencia de menta

Colorante alimentario verde

½ kg de azúcar glas

Una cucharada de mantequilla

50 g de chocolate de cobertura

16 barquillos bañados en chocolate

Hojas de menta fresca

elaboración

Precalentamos el horno a 190 °C y engrasamos los moldes para los cupcakes con un poco de aceite.

Ponemos al fuego el agua y cuando rompa el hervor, le añadimos el chocolate rallado. Removemos la mezcla hasta que se disuelva bien, y lo dejamos enfriar. En un bol, tamizamos la harina junto con la levadura y la sal y en otro batimos la mantequilla con el azúcar hasta que esté cremosa y lisa. Le añadimos la esencia de vainilla y los huevos, de uno en uno, mezclándolos bien. Juntamos esta preparación con la harina y, cuando los elementos se hayan integrado, le sumamos el agua con chocolate.

Rellenamos las tres cuartas partes de los moldes con esta masa y los horneamos durante 15 o 20 minutos. Comprobamos con un palillo si están bien cocidos y los dejamos enfriar.

presentación

Ponemos las nubes al baño María, con 10 gotas de esencia de menta y removemos hasta que se fundan. Antes de sacarlas del fuego le añadimos la cantidad suficiente de colorante verde hasta obtener un color un poco más oscuro que el tono deseado. Esparcimos el azúcar glas en la mesa, nos engrasamos las manos con mantequilla y volcamos las nubes fundidas sobre el azúcar, amasándolo todo. Hacemos con la masa tres bolas de distinto tamaño para hacer los copetes a cada cupcake. Derretimos el chocolate al baño María y dibujamos hilos. Por último, clavamos los barquillos y decoramos con menta fresca.

Besitos de cookies

Unidades: 10 • Tiempo de elaboración: 1 hora • Dificultad: baja

INGREDIENTES

Aceite para engrasar • 250 gr de harina • 2 cucharaditas de levadura •
5 cucharadas de azúcar • Una cucharadita de esencia de vainilla •
125 g de mantequilla • 3 huevos •
6 cucharadas de leche

PARA DECORAR

250 g de nata para montar • 100 g de azúcar glas •
Perlitas de chocolate • 20 galletas cookies

elaboración

Precalentamos el horno a 180 ºC y engrasamos los moldes. Por un lado, mezclamos los ingredientes secos (harina, levadura, azúcar y vainilla); y por otro, los húmedos (mantequilla, huevos y leche). Unimos los dos preparados sin dejar que entre aire en la masa y el resultado lo volcamos en los moldes hasta las tres cuartas partes. Cocemos durante 25 minutos y comprobamos que estén bien cocidos con un palillo.

presentación

Ponemos agua fría con hielo y sal en un cuenco grande y la nata en un bol pequeño dentro del grande. Batimos con las varillas desde abajo hacia arriba y cuando empiece a espesar, echamos la mitad del azúcar. Batimos y añadimos el resto del azúcar; seguimos batiendo hasta que triplique su volumen.

Llenamos la manga pastelera con esta nata y con una boquilla rizada, hacemos copetes sobre los muffins. Completamos la decoración salpicando con perlitas de chocolate e hincando en la nata las galletas cookies.

Bizcochitos borrachos

Unidades: 12 • Tiempo de elaboración: 1 hora • Dificultad: media

INGREDIENTES

120 g de mantequilla y algo más para engrasar • 120 g de azúcar • 3 huevos •
Un yogur natural • 150 g de harina • Una cucharadita y media de levadura •
Media cucharadita de bicarbonato • Una pizca de sal • 2 dl de ron

PARA DECORAR

100 g de mantequilla • 100 g de chocolate de cobertura •
100 g de nata para montar • 75 g de azúcar • 100 g de fondant blanco •
Toppings de colores con forma de estrella

elaboración

Precalentamos el horno a 180 ºC y engrasamos los moldes con mantequilla. En un bol,
batimos la mantequilla con el azúcar hasta obtener una crema lisa. Le añadimos los
huevos de uno en uno y el yogur, uniendo bien los ingredientes con las varillas. Añadimos
la harina tamizada con la levadura, el bicarbonato, y la sal y los integramos con
movimientos envolventes.

Con la pasta resultante, rellenamos los moldes y los cocemos a 180 ºC durante 20 o 25
minutos. Tras comprobar que están cocidos, los sacamos del horno y los dejamos enfriar
sobre una rejilla. Llenamos una jeringa con el ron (se puede emplear cualquier otro licor) y
pinchando varias veces en cada cupcake, inyectamos un poco de líquido en su interior.

presentación

Fundimos al baño María la mantequilla junto con el chocolate rallado, mezclando ambos
ingredientes con una cuchara de madera. Una vez que se hayan derretido, los retiramos del
fuego y le añadimos la nata y el azúcar, batiendo enérgicamente, pero procurando que no
entren burbujas de aire en la crema. Ponemos una capa de este preparado sobre los
cupcakes, extendiéndola con un cuchillo plano. Derretimos al baño María el fondant y,
estando aún caliente, con ayuda de una cuchara, trazamos líneas blancas sobre cada
cupcake. Si completamos la decoración con *toppings* de colores con forma de estrella,
tenemos los muffins ideales para una noche de verano al aire libre.

Bocaditos de fresa

Unidades: 12 • Tiempo de elaboración: 50 minutos • Dificultad: baja

INGREDIENTES

300 g de margarina y algo más para engrasar

Un sobre de gelatina de fresa

4 huevos

250 g de azúcar

300 g de harina

Un sobre de levadura

PARA DECORAR

200 g de fresas

Tres cucharadas de azúcar

Media taza de leche

Una taza de mantequilla

8 tazas de azúcar glas

2 cucharaditas de esencia de vainilla

Colorante rojo

12 mariposas de azúcar

elaboración

Precalentamos el horno a 180 ºC y engrasamos los moldecitos. Derretimos la margarina en el microondas y la mezclamos con la gelatina removiendo hasta que no queden grumos.

En otro bol batimos los huevos con el azúcar y, cuando empiecen a blanquear, le añadimos la margarina con la gelatina. Incorporamos la harina tamizada con la levadura y mezclamos hasta conseguir una pasta lisa.

Con ella rellenamos las tres cuartas partes de los moldes y los cocemos en el horno durante unos 20 minutos o hasta que estén dorados. Comprobaremos con un palillo que estén bien cocidos.

presentación

El adorno y el sabor de estos cupcakes ayudarán a relajar la mente en una tarde de intenso estudio. Para preparar la decoración, cortamos las fresas en láminas, las ponemos en un bol con el azúcar y tres cucharadas de agua durante 10 minutos. Pasado este tiempo, las aplastamos con un tenedor para obtener la mayor cantidad de zumo posible. Colamos el zumo (aplastando las fresas contra el colador con una cuchara). Ponemos el líquido en una taza y si no se llena hasta la mitad, completamos lo que falta con un poco de leche.

Batimos en un bol la mantequilla con el azúcar durante, al menos, 10 minutos. La crema debe quedar lisa y espumosa. Le añadimos el zumo de las fresas, la vainilla, unas gotas de colorante rojo y continuamos batiendo hasta que se integren. Hecho esto, le sumamos poco a poco el resto del azúcar, sin dejar de batir (puede hacerse con batidora eléctrica). Cuando la crema esté firme, rellenamos con ella una manga pastelera de boquilla rizada y hacemos con ella un rosetón sobre cada cupcake. Completamos la decoración con mariposas de azúcar o de fondant.

Cestitos de merengue

Unidades: 12 • Tiempo de elaboración: 1 hora • Dificultad: baja

INGREDIENTES

Aceite para engrasar

120 g de chocolate blanco

Una taza y media de mantequilla

4 huevos

Una taza y media de azúcar

195 g de harina

Media cucharadita de sal

Una cucharadita de esencia de vainilla

PARA DECORAR

400 g de azúcar blanco

4 claras de huevo

Colorante alimentario azul

Fideos de colores

elaboración

Precalentamos el horno a 175 ºC y engrasamos los moldes para los cupcakes con un poco de aceite.

Ponemos el chocolate blanco troceado en un bol junto con la mantequilla y lo fundimos al baño María. Batimos los huevos con el azúcar y le agregamos, poco a poco, el chocolate fundido. Una vez que la mezcla sea homogénea, agregamos la harina tamizada con la sal y la esencia de vainilla.

Rellenamos con esta masa los moldes y cocemos los cupcakes en el horno unos 18 o 20 minutos. Antes de sacarlos, comprobamos con un palillo que están bien cocidos.

presentación

La crema que cubre estos cupcakes es un merengue italiano. Para hacerlo, colocamos el azúcar en un cazo y le echamos agua hasta que apenas lo cubra. Lo ponemos a fuego muy bajo y hacemos un jarabe a punto de hilo flojo (sabremos el punto al tomar una gota entre los dedos índice y pulgar, si al separarlos, el jarabe hará unos hilos finos y quebradizos).

En un bol batimos las claras a punto de nieve y le incorporamos el jarabe muy lentamente sin dejar de batir (es mejor hacerlo con una batidora eléctrica) hasta que la mezcla esté fría. Tiene que hacer picos y mostrar una apariencia brillante y sólida. En ese momento la dividimos en dos partes y a una le echamos unas gotas de colorante azul.

Ponemos los merengues en una manga pastelera de boquilla lisa y dibujamos un copete blanco en seis pastelitos y uno azul en los restantes y los rociamos con fideos de colores. Presentados dentro de cubos de metal o de plástico, son estupendos para un día de picnic.

Cupcakes champion

Unidades: 12 • Tiempo de elaboración: 1 hora • Dificultad: media

INGREDIENTES

110 g de mantequilla y algo más para engrasar • 110 g de azúcar moreno •
2 huevos • 110 g de harina • 16 g de levadura •
Una cucharada y media de canela en polvo

PARA DECORAR

150 g de mantequilla • 250 g de azúcar glas • Colorante alimentario verde •
Una cucharadita de esencia de menta • 12 baloncitos de azúcar o de chocolate

elaboración

Precalentamos el horno a 180 ºC y engrasamos los moldes de los cupcakes con un poco de
mantequilla. Batimos la mantequilla con el azúcar hasta conseguir una pasta lisa. Le añadimos los
huevos, uno a uno, y luego la harina tamizada con la levadura y una cucharada de
canela en polvo. Mezclamos bien y rellenamos con esta masa las tres cuartas partes
de los moldes. Antes de ponerlos a cocer en el horno, espolvoreamos cada uno con
un poco de la canela sobrante. Luego los dejamos hornear durante 25 minutos y,
antes de sacarlos, comprobamos que estén cocidos en su interior.

presentación

Batimos enérgicamente la mantequilla con la mitad del azúcar glas
hasta obtener una pasta cremosa. Añadimos el resto del azúcar, unas
gotas de colorante verde y una cucharadita de esencia de menta.
Mezclamos la crema hasta que se vuelva bien compacta y, con ella,
llenamos una manga pastelera con boquilla de línea estriada. Debe tener en su
extremo varios agujeritos pequeños para dejar salir por ellos la pasta a modo de hierba.

Colocamos un balón de azúcar o chocolate sobre cada cupcake y obtenemos la mejor merienda
para picar durante la retransmisión de un partido de fútbol.

Delicias de albaricoque

Unidades: 12 • Tiempo de elaboración: 1 hora • Dificultad: baja

INGREDIENTES

Aceite para engrasar

6 albaricoques grandes y maduros

150 g de mantequilla

150 g de azúcar glas

3 huevos

175 g de harina

Una cucharadita y media de levadura

Una cucharadita de esencia de vainilla

PARA DECORAR

250 ml de nata para montar

100 g de azúcar glas

12 muñecos de azúcar

elaboración

Encendemos el horno a 180 °C y engrasamos con aceite los moldes para los cupcakes. Pelamos los albaricoques y reservamos. Ponemos en un bol la mantequilla con el azúcar glas y la trabajamos con las varillas batiendo enérgicamente. Cuando la mezcla sea homogénea, le añadimos los huevos de uno en uno sin dejar de batir.

Agregamos la harina previamente tamizada con la levadura y la esencia de vainilla. Rellenamos con la mezcla resultante una cuarta parte de los moldes; ponemos sobre la masa medio albaricoque, sin hueso y con el hueco boca abajo, y lo cubrimos con masa, de modo que los moldes estén rellenos en sus tres cuartas partes. Cocemos los pastelitos durante unos 20 minutos. Antes de sacarlos, comprobamos que estén bien cocidos; es decir que al sacar el palillo salga húmedo por el albaricoque, pero sin que la masa se haya adherido a él.

presentación

En un cuenco grande ponemos hielo, agua y una cucharada de sal gorda y, dentro de él, otro cuenco más pequeño con la nata. Eso hará que se conserve fría y se monte más fácilmente. Batimos la nata con las varillas, con movimientos de abajo hacia arriba para que le entre aire. Cuando haya espesado un poco (sin que esté aún firme) añadimos la mitad del azúcar. Seguimos batiendo y, cuando espese aún más, le echamos el azúcar restante.

La preparación estará lista cuando la mezcla haya triplicado su volumen y tenga una consistencia firme. Al levantar las varillas debe formar picos sólidos. Llenamos con esta crema una manga pastelera de boquilla rizada y, con ella, hacemos un copete sobre cada cupcake. Para alegrar la vista de los niños en una merienda infantil, sobre la nata ponemos un muñeco de azúcar.

Desayunos con almendras

Unidades: 10 • Tiempo de elaboración: 50 minutos • Dificultad: baja

INGREDIENTES

Aceite para engrasar

250 g de harina

2 cucharaditas de levadura

50 g de almendras molidas

5 cucharadas de azúcar

Una cucharadita de esencia de vainilla

Media cucharadita de cáscara de limón

125 g de mantequilla

3 huevos

6 cucharadas de leche

50 g de almendras fileteadas

PARA DECORAR

Papeles de color

Azúcar glas

elaboración

Precalentamos el horno a 190 ºC y engrasamos con aceite los moldes para muffins.

Mezclamos en un bol los ingredientes secos: la harina, la levadura, las almendras molidas, el azúcar, la esencia de vainilla y la cáscara de limón rallada. En otro, batimos los ingredientes húmedos: la mantequilla derretida, los huevos y la leche.

Unimos ambas preparaciones integrándolas con pocos movimientos y añadimos a la masa las almendras fileteadas. Volcamos la masa en los moldes llenándolos hasta sus tres cuartas partes y cocemos los muffins en el horno durante 25 minutos. Antes de sacarlos, comprobamos que en su interior estén bien cocidos.

presentación

La mejor decoración para estos muffins consiste en hacer los propios moldes de papel. Para ello hay que contar con recipientes metálicos o de silicona en el cual poner en su interior, superpuestos, tres cuadrados de papel de color, ligeramente engrasado (en este caso se ha utilizado papel marrón), de modo que tres puntas de los mismos queden hacia arriba. Podemos espolvorear con azúcar glas. Sobrios y alimenticios, son ideales para un desayuno contundente.

Flores de ciruela

Unidades: 16 • Tiempo de elaboración: 1 hora y 10 minutos • Dificultad: alta

INGREDIENTES

12 ciruelas pasas • 250 g de azúcar • Mantequilla para engrasar •
150 g de harina • Una cucharadita y media de levadura •
Una pizca de sal • 3 huevos • 150 ml de yogur natural

PARA DECORAR

8 ciruelas rojas frescas

elaboración

Ponemos en un cazo las ciruelas pasas con 100 g del azúcar; las cubrimos con agua y las dejamos hervir, a fuego lento, durante 20 minutos. Cuando estén hechas, las colamos reservando el líquido, les quitamos el hueso y trituramos la carne con un pasapurés. Luego la mezclamos con el agua que hemos reservado. Precalentamos el horno a 180 °C y engrasamos los moldes para los cupcakes. En un bol tamizamos la harina con la levadura, la sal y el azúcar restante; en otro, batimos los huevos con el yogur. Mezclamos todo.

Rellenamos con esta mezcla los moldes hasta la mitad. Sobre la masa depositamos una cucharadita de la compota de ciruelas que hemos reservado y, sobre ella, ponemos más masa, de manera que el molde quede relleno en sus tres cuartas partes. Antes de ponerlos en el horno, procederemos a decorarlos como se indica más abajo. Una vez decorados, los cocemos a 180 °C durante 20 o 25 minutos.

presentación

Lavamos bien las ciruelas, les quitamos el rabito y con ayuda de un pela patatas las cortamos en rebanadas muy finas. Clavamos las rodajas de ciruela en los cupcakes, de manera que la cáscara del fruto quede visible y que quede con forma redondeada, como si fueran los pétalos de una flor. De este modo, cuando el pastelito esté cocido, tendrá un aspecto como el que se muestra en la foto. Si nos queda algo de compota, podemos poner una gota junto a cada una de las rodajas que hemos clavado en la masa. Estos sanos y deliciosos pastelitos son el postre ideal para una comida en el campo.

Grosellas del bosque

Unidades: 24 • Tiempo de elaboración: 1 hora • Dificultad: baja

INGREDIENTES

Aceite para engrasar

600 g de harina

Un sobre de levadura

2 cucharaditas de canela en polvo

Una pizca de sal

300 g de azúcar

4 cucharadas de cacao en polvo

3 huevos

250 ml de leche

250 ml de nata

125 g de mantequilla fundida

250 g de grosellas

PARA DECORAR

100 g de chocolate al gusto

4 cucharadas de azúcar glas

150 g de grosellas

Unas hojas de menta fresca

elaboración

Precalentamos el horno a 180 ºC y engrasamos los moldes para los muffins con un poco de aceite.

Tamizamos la harina con la levadura, la canela y la sal en un cuenco grande y le añadimos el azúcar y el cacao. En otro bol, batimos los huevos junto con la leche, la nata y la mantequilla fundida.

Tras obtener un líquido uniforme, mezclamos ambas preparaciones. Espolvoreamos las grosellas con un poco de harina para que no se vayan al fondo del molde y las sumamos a la masa.

Rellenamos con la pasta las tres cuartas partes de los moldes y los horneamos durante 25 o 30 minutos. Antes de sacarlos comprobamos que estén bien cocidos.

presentación

Para hacer las virutas de chocolate, debe estar a temperatura ambiente. Emplearemos un pela patatas y rasparemos la tableta de manera que se formen virutas. Si el chocolate se pulveriza, conviene ponerlo cerca de una fuente de calor (por ejemplo, próximo al horno) para que se ablande y se torne más flexible, cuidando de que no se derrita demasiado. Espolvoreamos los muffins con el azúcar glas, ponemos sobre ellos algunas virutas y completamos la decoración con un ramito de grosellas y unas hojas de menta fresca. Son el broche de oro para una comida al aire libre.

elaboración

Encendemos el horno a 180 ºC y engrasamos los moldes para los cupcakes.

Ponemos al fuego un cazo con la carne de membrillo troceada y unas cuatro o cinco cucharadas de agua. Cuando comience a hervir, lo retiramos del fuego y aplastamos el dulce con un tenedor para disolverlo un poco. Lo mezclamos bien con el agua y reservamos.

Batimos la mantequilla con el azúcar glas hasta obtener una pasta lisa y le añadimos los huevos, de uno en uno, sin dejar de batir. Agregamos la harina, previamente tamizada con la levadura y la esencia de vainilla. Rellenamos con la mezcla resultante la mitad de cada molde; ponemos sobre la pasta media cucharadita del membrillo que hemos preparado y otro poco más de masa hasta llenar las tres cuartas partes del molde.

Cocemos en el horno durante unos 20 minutos. Antes de sacarlos, comprobamos con un palillo que estén bien cocidos.

presentación

Batimos la mantequilla con el azúcar glas y la leche hasta obtener una masa lisa, brillante y uniforme.

Dividimos esta pasta en tantos colores como los que vayamos a utilizar para confeccionar las flores y, en cada una de estas porciones, echamos unas gotas de colorante para teñir la crema. Ponemos la crema en una manga pastelera que tenga boquilla para pétalos y dibujamos sobre cada cupcake la cantidad de flores que queramos para festejar la llegada de la primavera.

Jardín de hadas

Unidades: 12 • Tiempo de elaboración: 1 hora y 10 minutos • Dificultad: alta

INGREDIENTES

Aceite para engrasar • 150 g de carne de membrillo • 150 g de mantequilla •
150 g de azúcar glas • 3 huevos • 175 g de harina •
Una cucharadita y media de levadura •
Una cucharadita de esencia de vainilla

PARA DECORAR

150 g de mantequilla • 250 g de azúcar glas •
Una cucharada y media de leche •
Colorantes alimentarios

La huerta dulce

Unidades: 12 • Tiempo de elaboración: 1 hora y 10 minutos • Dificultad: baja

INGREDIENTES

250 g de zanahorias

3 huevos

150 g de azúcar

50 g de piñones

80 ml de aceite de girasol

125 g de harina

Media cucharadita de canela

Media cucharadita de esencia
de vainilla

Un sobre de levadura

Una pizca de sal

PARA DECORAR

100 g de chocolate blanco

60 g de mantequilla

90 g de queso de untar

12 zanahorias de azúcar

elaboración

Pelamos las zanahorias, las cortamos en rodajas finas y las ponemos a hervir unos 15 minutos hasta que estén blandas. En un bol, separamos las yemas de las claras y batimos estas últimas con la mitad del azúcar (75 g) hasta que tripliquen su volumen. En otro recipiente, batimos las yemas con el resto del azúcar.

Trituramos las zanahorias junto con los piñones; añadimos el aceite y lo mezclamos bien con las yemas. Le agregamos la harina tamizada con la canela, la esencia de vainilla, la levadura y la sal. Una vez que los ingredientes se hayan unido, añadimos al preparado las claras batidas y las mezclamos con movimientos envolventes, procurando que no pierdan esponjosidad.

Con esta masa rellenamos las tres cuartas partes de los cupcakes y los cocemos en el horno precalentado a 180 °C durante 25 o 30 minutos.

presentación

Derretimos el chocolate blanco al baño María; lo retiramos del fuego y antes de que se enfríe completamente, le añadimos la mantequilla a temperatura ambiente y el queso. Trabajamos esta mezcla con las varillas hasta conseguir una crema lisa y uniforme.

Con ayuda de una manga pastelera o de un cuchillo ancho ponemos un poco de crema sobre cada uno de los pastelitos. Terminamos la operación colocando sobre la crema una zanahoria hecha con azúcar o con fondant y colocamos cada pastelito dentro de un molde anaranjado.

Lluvia de color

Unidades: 12 • Tiempo de elaboración: 1 hora •
Dificultad: baja

INGREDIENTES

Aceite para engrasar

3 plátanos medianos, maduros

Un huevo

200 g de azúcar

80 ml de aceite de girasol

Una cucharadita de esencia de vainilla

75 g de cacao en polvo

180 g de harina

Una cucharadita de levadura

Media cucharadita de bicarbonato

2 cucharadas de leche

PARA DECORAR

Grageas de colores

50 g de chocolate de cobertura

elaboración

Encendemos el horno a 180 ºC y engrasamos los moldes con aceite.

Trituramos los plátanos con un tenedor. En un bol, batimos el huevo junto con el azúcar, el aceite, la esencia de vainilla y luego le añadimos los plátanos. Agregamos el cacao en polvo y la harina previamente tamizada con la levadura y el bicarbonato. Por último, sumamos la leche y removemos la mezcla con una espátula.

Rellenamos con esta masa las tres cuartas partes de los moldes y cocemos los muffins durante 20 o 25 minutos. Antes de sacarlos comprobamos que estén cocidos.

presentación

Ponemos las grageas de colores en un pequeño bol. Derretimos el chocolate al baño María y, antes de que se enfríe, sumergimos boca abajo uno a uno los muffins para que queden bañados en su parte superior. Hecho esto, los pasamos por las grageas de colores de modo que se peguen al chocolate y los depositamos sobre una rejilla para que se sequen. Son ideales para la merienda de los más pequeños porque no manchan.

Mariposas de yogur y membrillo

Unidades: 12 • Tiempo de elaboración: 1 hora y 10 minutos • Dificultad: alta

INGREDIENTES

Aceite para engrasar • 150 g de carne de membrillo • 150 g de mantequilla •
150 g de azúcar glas • 3 huevos • 175 g de harina •
Una cucharadita y media de levadura •
Una cucharadita de esencia de vainilla

PARA DECORAR

1 l de yogur natural • 240 g de azúcar • Grageas pequeñas de colores •
60 g de mantequilla • 250 g de azúcar glas • Colorantes alimentarios •
12 grageas grandes, confitadas

elaboración

Encendemos el horno a 180 ºC y engrasamos los moldes para los cupcakes. Ponemos al fuego un cazo con la carne de membrillo troceada y cuatro o cinco cucharadas de agua. Cuando comience a hervir, retiramos del fuego y aplastamos el dulce con un tenedor. Lo mezclamos bien con el agua y reservamos. Batimos la mantequilla con el azúcar glas hasta obtener una pasta lisa y le añadimos los huevos, de uno en uno, sin dejar de batir. Agregamos la harina previamente tamizada con la levadura y la esencia de vainilla.

Rellenamos con la mezcla resultante la mitad de cada molde; ponemos sobre la pasta media cucharadita del membrillo que hemos preparado y otro poco más de masa hasta llenar las tres cuartas partes del molde. Cocemos en el horno durante 20 minutos. Antes de sacarlos, comprobamos con un palillo que estén bien cocidos.

presentación

Ponemos un paño limpio y de trama apretada sobre la mesa. Tomamos las cuatro puntas para hacer un hueco en su interior y en él volcamos el yogur. Atamos el paño y lo dejamos colgando cinco horas para que el yogur gotee el suero. Pasado este tiempo, le añadimos azúcar y lo batimos bien. Con un cuchillo afilado, quitamos un trozo de la parte superior de cada cupcake y rellenamos con la crema de yogur. La tapa cortada en dos serán las alas de la mariposa, que se untan con la crema para que las grageas se queden pegadas. Batiendo la mantequilla con el azúcar glas y añadiendo colorantes, se obtiene una crema con la que hacer los contornos con la manga pastelera. La gragea grande forma la cabeza.

Muffins arco iris

Unidades: 12 • Tiempo de elaboración: 50 minutos •
Dificultad: media

INGREDIENTES

125 g de piña en almíbar • 90 g de harina integral •
100 g de harina blanca • Una cucharadita de levadura •
Media cucharadita de bicarbonato •
50 g de coco rallado • Un huevo •
120 g de azúcar moreno •
80 ml de aceite de girasol •
125 g de yogur griego natural •
2 cucharaditas de ron

PARA DECORAR

50 g de mantequilla • 50 g de azúcar •
Una clara de huevo • 100 g de harina •
Colorantes alimentarios

elaboración

Escurrimos la piña y reservamos el jugo. En un bol mezclamos los dos tipos de
harina con la levadura, el bicarbonato y el coco rallado y en otro bol, batimos
bien el huevo con el azúcar. Cuando la mezcla empiece a blanquear,
incorporamos el aceite de girasol, el yogur y el ron, removiendo bien hasta
conseguir una pasta homogénea. Añadimos ocho cucharadas del almíbar que
hemos reservado y luego le sumamos la mezcla de harinas. Cuando los
ingredientes secos se hayan humedecido, distribuimos la pasta en los moldes de
los cupcakes hasta llenar sus tres cuartas partes.

Tras proceder a la decoración, que se explica a continuación, los espolvoreamos
ligeramente con coco rallado y los cocemos en el horno precalentado a 180 °C
durante 25 o 30 minutos.

presentación

Sobrios por fuera y divertidos por dentro, estos cupcakes están destinados a sorprender en cualquier ocasión. Para decorarlos haremos una pasta batiendo en un bol la mantequilla con el azúcar hasta obtener una pasta cremosa. Le añadimos la clara de huevo y removemos hasta que se integre. Por último, añadimos la harina y batimos hasta que la crema esté lisa y sin grumos. Dividimos la pasta en tantas porciones como colores queramos poner a los lunares. En cada una echaremos una o dos gotas de colorante alimentario y, una vez que se haya mezclado, la introducimos en una jeringa con aguja gruesa. Clavamos la jeringa en la superficie de cada cupcake y presionamos para dejar una gota de masa teñida en su interior. Procedemos a hacer diferentes lunares en cada pastelito. Terminada esta operación, los horneamos.

Renos de naranja

Unidades: 12 • Tiempo de elaboración: 1 hora y 10 minutos • Dificultad: media

INGREDIENTES

Aceite para engrasar • Una naranja • 250 g de azúcar •
3 huevos • 170 g de harina •
Un sobre de levadura

PARA DECORAR

75 g de mantequilla • 400 g de azúcar glas •
200 g de crema de queso • Una cucharada de maicena •
Media cucharadita de esencia de vainilla •
Colorante alimentario •
24 galletitas malteadas con forma de pretzel

presentación

Batimos la mantequilla con el azúcar hasta que empiece a
blanquear (mejor hacerlo con una batidora eléctrica). Le
añadimos la crema de queso, la maicena y la esencia de vainilla.
Una vez que la crema esté hecha, reservamos la cuarta parte
de ella para hacer la cara de los renos. Del resto, teñimos una
mitad con unas gotas de colorante verde y la otra con
colorante rojo.

De la crema que hemos reservado para los renos, teñimos una
cucharadita con colorante negro para hacer los ojos; el resto,
con colorante marrón para la cara. Ponemos en la mitad de los
cupcakes una base roja y, en la otra, una base verde. Sobre ella,
con una manga pastelera o una cuchara, hacemos la cara de
los renos. Les ponemos ojos y nariz y clavamos dos pretzel
malteados a modo de cuernos.

elaboración

Encendemos el horno a 180 °C y engrasamos los moldes para los cupcakes con un poco de aceite. Lavamos muy bien la naranja, rallamos su cáscara y la reservamos. Quitamos al fruto la piel blanca que pueda tener adherida, lo cortamos en rodajas finas, le quitamos las semillas y lo trituramos con la batidora junto con el azúcar. Le agregamos la ralladura de la cáscara y los huevos y mezclamos bien.

Tamizamos la harina junto con la levadura y la añadimos a la masa que hemos preparado batiendo hasta que los ingredientes estén bien integrados. Con la pasta resultante rellenamos las tres cuartas partes de los moldes y cocemos los cupcakes en el horno durante 25 o 30 minutos. Antes de sacarlos, comprobamos con un palillo que estén en su punto.

INGREDIENTES

Aceite para engrasar

200 g de mandarinas peladas

250 g de harina

Una pizca de sal

Una cucharadita de levadura

Una cucharadita de bicarbonato

Una cucharadita de esencia de vainilla

110 g de azúcar moreno

50 g de azúcar blanco

225 g de mantequilla

2 huevos

50 g de nueces

PARA DECORAR

250 ml de nata para montar

100 g de azúcar glas

15 galletas bañadas con chocolate

15 mariquitas de fondant

elaboración

Encendemos el horno a 180 °C y engrasamos con aceite los moldes para los cupcakes. Tomamos los gajos de mandarina, uno a uno, y les quitamos la piel y las semillas reservando la carne en un bol.

Tamizamos la harina junto con la sal, la levadura, el bicarbonato y la vainilla, y mezclamos todo con los dos azúcares.

Batimos en un tercer recipiente la mantequilla derretida con los huevos; le añadimos los ingredientes secos que hemos tamizado, la pulpa de las mandarinas y 50 g de nueces picadas. Mezclamos bien y rellenamos con esta masa las tres cuartas partes de cada molde. Ponemos los cupcakes al horno durante 25 minutos y antes de sacarlos comprobamos que estén bien cocidos.

presentación

Ponemos en un bol grande agua, hielo y una cucharada de sal gorda. Dentro de él, otro bol más pequeño con la nata, que empezamos a batir. Cuando se torne espesa, le añadimos la mitad del azúcar glas y luego, tras seguir batiendo unos cinco minutos, el resto del azúcar. Continuamos trabajando la nata hasta que esté firme y consistente.

Bañamos los cupcakes con un poco de la crema que hemos preparado, ponemos sobre ella unos trozos de galleta bañados en chocolate y encima, una mariquita hecha de fondant. Completamos la decoración sirviéndolos en moldes amarillos con topos blancos.

Vaquitas de San Antón

Unidades: 15 • Tiempo de elaboración: 1 hora y 10 minutos • Dificultad: baja

Bocados
en familia

Los muffins y cupcakes se visten con colores, formas y texturas que ayudan a vestir la mesa familiar en las ocasiones especiales, como la celebración de un matrimonio, el nacimiento de un niño, los cumpleaños y los aniversarios. Sabores sanos y naturales que deleitan el paladar de grandes y pequeños. Con estas pequeñas joyas de la repostería, podrás lucir tus habilidades culinarias.

Ingredientes

Dos peras pequeñas muy maduras • 210 g de mantequilla y algo más para engrasar •
240 g de azúcar • 300 g de harina • Una cucharadita de levadura •
Una cucharadita de esencia de vainilla

Para decorar

250 ml de nata para montar • 100 g de azúcar glas •
Figuras de azúcar en azul y blanco (chupetes, baberos, biberones, sonajeros, etc.)

elaboración

Pelamos las peras, les quitamos las semillas y las cortamos en cuadraditos pequeños. Ponemos en una sartén una cucharada de mantequilla y, cuando se haya derretido, echamos las peras junto con media cucharada de azúcar. Las removemos a fuego vivo durante unos siete minutos y reservamos. Encendemos el horno a 180 ºC y engrasamos los moldes para los cupcakes.

Batimos la mantequilla a temperatura ambiente con el azúcar restante hasta obtener una crema suave. Le añadimos la harina tamizada junto con la levadura y la esencia de vainilla, procurando que los ingredientes se integren bien a la masa. Por último, añadimos los trocitos de pera y los mezclamos con movimientos envolventes. Con este preparado rellenamos las tres cuartas partes de los moldes y cocemos los cupcakes durante 25 minutos.

presentación

En un cuenco, ponemos unos cuantos cubitos de hielo y un par de cucharadas de sal gorda. Metemos dentro un recipiente más pequeño con la nata líquida. La trabajamos con las varillas, enérgicamente, hasta que espese un poco. Al llegar a este punto, le añadimos en forma de lluvia la mitad del azúcar glas y continuamos batiendo hasta que empiece a tomar una consistencia firme. Le sumamos el azúcar restante y, cuando al levantar las varillas forme picos, llenamos con ella una manga pastelera de boquilla rizada y dibujamos un copete sobre cada cupcake. Los rematamos con motivos infantiles relacionados con los bebés. Son unos deliciosos pastelitos para celebrar el nacimiento de un niño.

Canastilla azul

Unidades: 12 • Tiempo de elaboración: 1 hora • Dificultad: baja

Canastilla rosa

Unidades: 16 • Tiempo de elaboración: 1 hora • Dificultad: media

INGREDIENTES

350 g de fresas • 200 g de azúcar • 2 huevos • Media cucharadita de esencia de vainilla •
100 g de mantequilla a temperatura ambiente • 50 g de azúcar moreno •
400 g de harina • 20 g de levadura • 6 g de sal

PARA DECORAR

250 g de grasa vegetal • 250 g de mantequilla • Una cucharadita de esencia de fresas •
Colorante rojo • 450 g de azúcar glas • 16 pares de zapatitos de azúcar

elaboración

Limpiamos las fresas quitándoles el rabito, las cortamos en cuadraditos y las ponemos en un bol
con 50 g de azúcar, dejándolas reposar media hora. Batimos en un bol aparte los huevos con la
esencia de vainilla, le agregamos el jugo de las fresas y reservamos. En otro recipiente, batimos
la mantequilla con el azúcar moreno y el azúcar restante. Cuando la mezcla esté cremosa, le
añadimos la harina tamizada con la levadura y la sal.

Unimos las dos preparaciones y añadimos las fresas a la mezcla. Con esta masa rellenamos las
tres cuartas partes de los moldes. Cocinamos los cupcakes en el horno precalentado a 190 ºC
durante 25 minutos o hasta que su superficie esté dorada.

presentación

Batimos enérgicamente la grasa vegetal con la mantequilla hasta formar una crema. Le
añadimos una cucharadita de esencia de fresas y tres gotas de colorante rojo. Seguimos
batiendo y, poco a poco, le añadimos el azúcar glas. Cuando la preparación tenga una
buena consistencia, rellenamos con ella una manga pastelera con boquilla de línea
estriada. Apoyando el extremo de la boquilla sobre los pastelitos, presionamos la manga
al tiempo que la levantamos un poco, de manera que forme hilos gruesos. Completamos
la decoración poniendo un par de zapatitos de bebé sobre cada cupcake, especialmente
indicado para celebrar el nacimiento de una niña.

Muffins de bienvenida

Unidades: 12 • Tiempo de elaboración: 50 minutos •
Dificultad: baja

INGREDIENTES

30 g de mantequilla y algo más para
engrasar
300 g de azúcar
4 huevos
Una cucharada de piel de naranja
rallada
Una taza de zumo de naranja
220 g de harina
4 cucharadas de levadura
Una pizca de sal

PARA DECORAR

4 cucharadas de azúcar glas
Moldes de papel
Lazos de color rosa

elaboración

Encendemos el horno a 175 ºC y engrasamos los
moldes con un poco de mantequilla. En un bol,
ponemos la mantequilla a temperatura ambiente y la
batimos hasta que esté cremosa. Le añadimos el
azúcar y los huevos, de uno en uno, mezclándolos
suavemente.

Agregamos la piel de naranja rallada y el zumo;
luego, la harina tamizada junto con la levadura y la
sal. No es necesario batir mucho estos ingredientes,
solo mezclarlos con una espátula de madera.

Rellenamos con esta preparación las tres cuartas
partes de los moldes y cocemos los muffins en el
horno durante 30 minutos. Comprobamos con un
palillo si están cocidos por dentro y los sacamos.

presentación

Ponemos los muffins ya cocidos y fríos sobre una bandeja y, en un colador pequeño,
echamos el azúcar glas para espolvorearlo uniformemente sobre los pastelitos.
Colocamos cada muffin dentro de un molde de papel con flores rosadas y, alrededor de
cada uno de ellos, atamos una cinta del mismo color. Si los vamos a servir en el desayuno
o la merienda, también podemos hacer en el asa de cada taza un elegante lazo con una
cinta de raso.

Nidos de patito

Unidades: 12 • Tiempo de elaboración: 1 hora • Dificultad: baja

INGREDIENTES

Aceite para engrasar

3 huevos

50 ml de leche

125 g de azúcar

200 g de harina

2 y ½ cucharaditas de levadura

Una cucharadita de extracto de vainilla

Una pizca de sal

100 g de cabello de ángel

PARA DECORAR

250 g de grasa vegetal

250 g de mantequilla

450 g de azúcar glas

Colorante naranja

12 patitos de azúcar

elaboración

Antes de preparar la masa de los cupcakes encendemos el horno a 180 ºC y engrasamos los moldes con un poco de aceite. En un bol ponemos los tres huevos y la leche y los batimos bien. Le añadimos el azúcar y seguimos trabajando la mezcla con las varillas hasta conseguir una crema espumosa. Poco a poco, agregamos la harina tamizada con la levadura, la esencia de vainilla y la sal, lo integramos todo con una espátula y con movimientos envolventes.

Distribuimos una cucharada de masa en cada molde y, sobre ella, agregamos una cucharadita de cabello de ángel. Terminamos de rellenar los moldes hasta que estén cubiertos en sus tres cuartas partes y los cocemos en el horno durante 25 minutos.

presentación

Ponemos en un bol la grasa vegetal y la mantequilla y las trabajamos hasta conseguir una crema lisa. Poco a poco, le vamos añadiendo el azúcar glas, siempre batiendo enérgicamente, hasta que la crema tenga la consistencia deseada. Le añadimos finalmente unas gotas de colorante anaranjado y rellenamos con ella una manga pastelera.

Dejamos la manga unos 15 minutos en la nevera para que la crema se estabilice y luego decoramos con ella los cupcakes. Completamos la presentación poniendo sobre cada uno un patito de azúcar, símbolo de la llegada de un bebé a la familia.

Cupcakes de confeti

Unidades: 12 • Tiempo de elaboración: 50 minutos • Dificultad: baja

INGREDIENTES

120 g de mantequilla y algo más para engrasar • Dos cucharadas de uvas pasas •
120 g de azúcar • 3 huevos • 150 g de harina •
Una cucharadita y media de levadura •
Media cucharadita de bicarbonato •
Una pizca de sal • Un yogur natural

PARA DECORAR

½ l de leche • Una cucharada de azúcar •
Media cucharadita de esencia de vainilla •
2 cucharaditas de maicena •
Grageas muy pequeñas de colores

presentación

Ponemos a hervir en un cazo un cuarto de litro de leche, a fuego bajo, y le
añadimos el azúcar y la esencia de vainilla. Mientras se calienta, disolvemos la
maicena en el resto de la leche fría. Cuando en la leche que está al fuego
observemos que se hacen burbujas alrededor, señal de que está a punto de
subir, le añadimos la que hemos mezclado con maicena y la removemos
con una cuchara de madera hasta el primer hervor. Apagamos el fuego,
dejamos enfriar un poco la crema y cuando esté a temperatura
ambiente, bañamos con una cucharada cada cupcake.

Completamos la decoración con grageas de colores, como si
fuera el confeti que acompaña a cualquier fiesta de
cumpleaños.

elaboración

Encendemos el horno a 180 ºC para precalentarlo y engrasamos los moldes con mantequilla. Dejamos las uvas pasas en una taza con agua tibia.

En un bol, ponemos la mantequilla y el azúcar y la batimos enérgicamente hasta formar una crema espumosa. Le añadimos los huevos, de uno en uno, y luego la harina tamizada junto con la levadura, el bicarbonato y la sal. Cuando se haya incorporado a la masa, agregamos una tarrina de yogur natural y las pasas de uva escurridas. Rellenamos las tres cuartas partes de los moldes con esta preparación y los cocemos en el horno durante 25 minutos o hasta que su superficie esté dorada.

Feliz no cumpleaños

Unidades: 12 • Tiempo de elaboración: 1 hora • Dificultad: baja

INGREDIENTES

Un kiwi maduro

Aceite para engrasar

150 g de harina

Una cucharadita y media de levadura

Una pizca de sal

250 g de azúcar

3 huevos

150 ml de yogur natural

PARA DECORAR

250 g de queso para untar

100 g de azúcar glas

100 ml de nata para montar

Grageas y pastillas de colores

elaboración

Pelamos el kiwi y lo cortamos en 12 rodajas que reservaremos en una servilleta de papel para secarlas un poco. Engrasamos los moldes y encendemos el horno a 180 °C. En un recipiente tamizamos la harina con la levadura y la sal y luego la mezclamos con el azúcar.

En otro, batimos los huevos con el yogur. Cuando esta mezcla esté espumosa, la volcamos sobre la harina trabajando la masa con una espátula y haciendo movimientos envolventes.

Ponemos una cucharada de la masa dentro de cada molde y, sobre ella, una rodaja de kiwi. Terminamos de rellenar los moldes hasta sus tres cuartas partes y cocemos los cupcakes en el horno durante 25 minutos o hasta que estén dorados.

presentación

Batimos en un bol el queso para untar con el azúcar glas hasta conseguir una crema lisa. Le añadimos la nata y seguimos batiendo hasta que tenga una consistencia similar a la mantequilla a temperatura ambiente. Con esta crema untamos la parte superior de los cupcakes y, sobre ella, pegamos pastillas y grajeas de colores. Cualquier día puede coincidir con el no cumpleaños de alguien de la familia y esta merienda especial acompañada de caramelos o gominolas, basta para hacer una pequeña fiesta infantil.

150 g de mantequilla y algo más para engrasar • 150 g de azúcar glas •
3 huevos • 175 g de harina • Una cucharadita y media de levadura •
Una cucharadita de esencia de vainilla

PARA DECORAR

250 ml de nata para montar • 100 g de azúcar glas •
200 g de caramelitos de colores

elaboración

Encendemos el horno a 180 °C y engrasamos los moldes con un poco de mantequilla.
Ponemos en un bol el azúcar glas y la mantequilla y las trabajamos con las varillas hasta
obtener una crema lisa. Separamos las claras de los huevos en otro bol y echamos las yemas
sobre la preparación de mantequilla. Batimos bien y le añadimos la harina previamente
tamizada con la levadura y la esencia de vainilla. Batimos las claras a punto de nieve y la
incorporamos a la masa con movimientos suaves y envolventes.

Rellenamos con la preparación la mitad de los moldes y los cocemos en el horno durante 15
minutos. Antes de sacarlos, comprobamos con un palillo que estén en su punto.

presentación

Ponemos en un cuenco unos cuantos cubitos de hielo y esparcimos dos cucharadas de sal
gorda sobre ellos. Colocamos dentro un bol más pequeño con la nata para que se
conserve fría y empezamos a batirla. Cuando haya espesado un poco, le añadimos la
mitad del azúcar y seguimos batiendo. Una vez que se muestre firme, espolvoreamos el
resto del azúcar, incorporándola con movimientos más suaves. Con esta crema llenamos
una manga pastelera con boquilla rizada y decoramos los cupcakes haciendo pequeños
copetes sobre los cupcakes. En cada uno de ellos espolvoreamos con caramelitos. He aquí
una original piñata de cumpleaños.

Piñata de caramelos

Unidades: 12 • Tiempo de elaboración: 50 minutos • Dificultad: media

Regalo de tres chocolates

Unidades: 18 • Tiempo de elaboración: 1 hora y 10 minutos • Dificultad: media

INGREDIENTES

300 g de mantequilla y algo más para engrasar

300 g de azúcar

6 huevos

220 g de harina

2 cucharaditas de levadura

2 cucharadas de grageas de chocolate

75 g de leche

40 g de chocolate blanco

40 g de chocolate con leche

40 g de chocolate (al 80% de cacao)

PARA DECORAR

100 cc de nata líquida

130 g de chocolate de cobertura

Una cucharada de mantequilla

Grageas de colores

elaboración

Para preparar estos cupcakes debemos contar con 18 moldes distribuidos en tres colores diferentes y los engrasaremos con mantequilla. Encendemos el horno a 180 ºC.

Batimos la mantequilla con el azúcar hasta obtener una pasta lisa. Le añadimos los huevos uno a uno y luego la harina previamente tamizada con la levadura. Por último, le incorporamos las grageas de chocolate y la leche y dividimos la masa en tres porciones. Fundimos por separado en el microondas cada uno de los chocolates y lo añadimos a las masas, de modo que contamos con una masa de chocolate blanco, otra con chocolate con leche y una última con chocolate negro. Rellenamos con ellas las tres cuartas partes de los moldes (los de un mismo tipo de chocolate deben ser del mismo color) y los cocemos en el horno durante 25 minutos.

presentación

Para hacer el glaseado, ponemos la nata líquida en un cazo a fuego suave y echamos dentro el chocolate partido en trozos pequeños. Removemos suavemente la mezcla con una cuchara de madera y, cuando empiece a fundirse, le agregamos una cucharada de mantequilla. Continuamos mezclando los ingredientes hasta obtener una crema muy lisa y brillante con la que bañamos los cupcakes.

Terminamos la operación esparciendo sobre los pastelitos unas grageas de colores y disponiéndolos en una bandeja según sea el color del molde.

Tartita de cumpleaños de miel

Unidades: 12 • Tiempo de elaboración: 50 minutos • Dificultad: baja

INGREDIENTES

Aceite para engrasar

100 g de copos de avena

100 g de mantequilla

60 g de azúcar

2 huevos

100 g de harina

2 cucharaditas de levadura

1/2 cucharadita de sal

2 cucharadas de miel

PARA DECORAR

250 ml de nata para montar

80 g de azúcar glas

2 cucharaditas de miel

Velas y grageas de azúcar

elaboración

Encendemos el horno a 180 ºC y engrasamos los moldes para los cupcakes. Trituramos en un mortero los copos de avena y los reservamos.

En un bol, batimos la mantequilla con el azúcar y cuando veamos la mezcla lisa y uniforme, le agregamos los huevos, uno por uno. Batimos bien y añadimos la harina tamizada con la levadura y la sal. Sumamos la miel a la preparación y, por último, los copos de avena triturados.

Con la pasta resultante rellenamos los moldes hasta sus tres cuartas partes y horneamos los cupcakes durante 40 minutos. Antes de sacarlos comprobamos con un palillo que están bien cocidos.

presentación

Antes de montar la nata, conviene dejarla al menos dos horas en la nevera. Cuando esté bien fría, la ponemos en un bol y la batimos con las varillas hasta que comience a espesar. Le añadimos el azúcar glas, poco a poco y, cuando empiece a mostrar firmeza, le agregamos las dos cucharaditas de miel, de una en una.

Completamos la decoración con una velita y unas grageas de azúcar sobre cada cupcake. Para servirlos, se pueden agrupar sobre una bandeja tantos cupcakes así decorados como velas tenga que soplar la persona que cumple años, lo que conformará una original tarta.

Birretes de chocolate

Unidades: 12 • Tiempo de elaboración: 50 minutos • Dificultad: baja

INGREDIENTES

Mantequilla para engrasar

Un huevo

100 g de azúcar moreno

65 g de aceite

100 g de harina integral

Una cucharadita de canela

Una pizca de nuez moscada

Un sobre de levadura

Una pizca de sal

75 g de nueces

Una manzana ácida

Una cucharada de leche

PARA DECORAR

100 g de queso mascarpone

100 g de azúcar glas

100 g de nata para montar

12 cacahuetes cubiertos de chocolate

Una tableta de chocolate dividida en cuadrados

2 tiras de regaliz negro

elaboración

Precalentamos el horno a 180 ºC y engrasamos los moldecitos con mantequilla. Batimos el huevo con el azúcar y el aceite. Tamizamos la harina junto con la canela, la nuez moscada, la levadura y la sal. Cuando la mezcla sea homogénea, sumamos a la preparación las nueces picadas y la manzana rallada, integrando estos ingredientes con una espátula de madera. Por último, añadimos la leche. Con la masa llenamos las tres cuartas partes de los moldes y cocemos los cupcakes en el horno durante 15 o 20 minutos. Antes de sacarlos comprobamos con un palillo que estén bien cocidos en su interior.

presentación

Batimos el queso mascarpone hasta obtener una crema suave y lisa. Le añadimos el azúcar y mezclamos bien. Por último, agregamos la nata y continuamos batiendo hasta que la mezcla esté firme. Con una cuchara, cubrimos la superficie de los cupcakes. Ponemos sobre cada cupcake un cacahuete cubierto de chocolate. Partimos la tableta de chocolate en cuadraditos y colocamos uno en cada pastelito, tal y como se ve en la foto. Con ayuda de las tijeras, cortamos el regaliz para completar los birretes y, tomando cada uno con unas pinzas, lo acercamos al fuego para que se derritan un poco y, al enfriarse, el regaliz se quede pegado formando el birrete.

Muffins fin de curso

Unidades: 12 • Tiempo de elaboración: 45 minutos • Dificultad: baja

INGREDIENTES

Aceite para engrasar

125 g de harina de repostería

2 cucharaditas de levadura

Una pizca de sal

30 g de azúcar

Un huevo

80 cc de leche

30 g de mantequilla

La ralladura de medio limón

80 g de arándanos

PARA DECORAR

Moldes para muffins

Cintas de color

elaboración

Encendemos el horno a 190 °C y engrasamos los moldes con un poco de aceite. En un bol, tamizamos la harina junto con la levadura y la sal, y luego la mezclamos con el azúcar. En otro recipiente batimos ligeramente el huevo con la leche, la mantequilla derretida y la ralladura de limón. Volcamos esta preparación sobre la harina y la mezclamos con pocos movimientos; la masa debe quedar más bien grumosa.

Por último, añadimos los arándanos bien lavados y distribuimos la masa en los moldes. Ponemos a cocer los muffins en el horno durante unos 25 minutos. Antes de sacarlos, comprobamos con un palillo que no estén crudos por dentro.

presentación

Como los muffins, a diferencia de los cupcakes, no llevan cremas ni *frostings*, es necesario mejorar su presentación utilizando moldes atractivos y buscando otros elementos como cintas o adornos para las bandejas y fuentes. Una manera de dar un toque gracioso a estos pastelitos consiste en doblar ligeramente hacia afuera el borde de los moldes antes de ponerlos en el horno.

Sobresaliente en coco y fresa

Unidades: 12 • Tiempo de elaboración: 1 hora • Dificultad: baja

INGREDIENTES

100 g de mantequilla y algo más para engrasar • 75 g de azúcar •
2 huevos enteros, más 2 claras • 115 g de harina • 2 cucharaditas de levadura •
Media cucharadita de sal • Media taza de coco rallado •
185 ml de leche de coco • 100 g de fresas

PARA DECORAR

400 g de azúcar • 4 claras de huevo • 100 g de chocolate de cobertura •
Fideos rojos • 12 birretes

elaboración

Precalentamos el horno a 170 °C y engrasamos los moldes para los cupcakes. En un bol, batimos la mantequilla a temperatura ambiente con el azúcar hasta conseguir una mezcla espumosa y suave. Le añadimos los huevos y las claras, de uno en uno, sin dejar de batir. Tamizamos la harina junto con la levadura, la sal y el coco rallado y añadimos esta preparación a la mantequilla, poco a poco, alternándola con la leche de coco. No es necesario ni conveniente batir demasiado, pero sí mezclar bien los ingredientes. Rellenamos con este preparado la mitad de cada molde y colocamos sobre la mezcla media fresa, de manera que no toque el papel. La cubrimos con un poco más de masa hasta llenar las tres cuartas partes de cada moldecito. Horneamos los cupcakes durante unos 20 minutos.

presentación

Ponemos el azúcar en un cazo, la cubrimos apenas con agua y preparamos un almíbar a punto de hilo flojo a fuego muy lento. Para comprobar que ha alcanzado el punto, dejamos que se enfríe y tomamos un poco entre los dedos índice y pulgar. Al separarlos, el almíbar debe formar hilos finos quebradizos. Batimos las claras a punto de nieve y, sobre ellas, volcamos el almíbar aún caliente. Continuamos batiendo enérgicamente hasta que la mezcla se enfríe y se vuelva firme y brillante. Derretimos el chocolate al baño María. Luego, rellenamos una manga pastelera con la crema y decoramos las cupcakes, dejando un hueco en medio donde pondremos una cucharada de chocolate y, esparciremos sobre su superficie fideos rojos. Terminamos la decoración poniendo en cada uno un birrete.

elaboración

Engrasamos los moldes de los cupcakes y encendemos el horno a 180 ºC. Separamos las yemas de las claras, las batimos a punto de nieve y reservamos. Batimos en otro bol las yemas con el azúcar hasta conseguir una crema espumosa. Les añadimos la mantequilla y la piel del limón rallada, batiendo hasta que quede completamente incorporada.

Agregamos a esta mezcla la harina previamente tamizada con la levadura y las frambuesas trituradas, removiendo todo con una espátula. Por último, sumamos las claras reservadas, mezclándolas con movimientos envolventes y procurando que no pierdan aire. Con esta masa rellenamos las tres cuartas partes de los moldes y los cocemos en el horno durante 25 o 30 minutos.

presentación

Batimos los yogures con el azúcar hasta que se disuelva en el yogur. Trituramos las frambuesas con el zumo de limón y luego colamos esta pulpa con ayuda de una cuchara para eliminar las semillas.

Mezclamos bien el puré de frambuesas con el yogur y lo ponemos en el congelador durante una hora; después, lo batimos bien. El helado debe estar en el congelador durante unas tres horas. Mientras se congela, debemos sacarlo cada 30 minutos y batirlo bien para que quede muy cremoso.

Justo antes de servir los cupcakes, ponemos el helado en una manga pastelera y decoramos los pastelitos. Ponemos sobre el helado un tulipán y esparcimos algunos cristales de azúcar. Es el acompañamiento ideal para celebrar la pedida de mano, colocando las simbólicas alianzas en la fuente.

Alianzas de frambuesas

Unidades: 12 • Tiempo de elaboración: 1 hora y 10 minutos • Dificultad: media

INGREDIENTES
Aceite para engrasar • 3 huevos • 150 g de azúcar •
150 g de mantequilla a temperatura ambiente • La piel de un limón •
150 g de harina • Una cucharadita de levadura •
12 frambuesas trituradas

PARA DECORAR
2 tarrinas de yogur griego (250 g) • 50 g de azúcar blanco • 100 g de frambuesas •
Media cucharadita de zumo de limón • 12 tulipanes de azúcar •
2 cucharadas de azúcar cristalizada

Azahar nupcial

Unidades: 18 • Tiempo de elaboración: 1 hora y 30 minutos • Dificultad: alta

INGREDIENTES

140 g de mantequilla y algo más para engrasar

200 g de azúcar

2 huevos

230 g de harina

Una pizca de sal

Un sobre de levadura

Una cucharadita y media de bicarbonato

150 ml de leche

Una cucharadita de agua de azahar

PARA DECORAR

½ kg de fondant blanco

¼ kg de azúcar glas

Flores de azúcar de distintos tamaños y colores: 16 flores rosadas más grandes, 128 flores de un rosa más oscuro medianas y 128 flores de un color rosa muy claro, más pequeñas

Grageas blancas y rosas

elaboración

Encendemos el horno a 180 ºC y engrasamos los moldes de los cupcakes.

Batimos en un bol la mantequilla con el azúcar hasta obtener una crema espumosa. Le añadimos los huevos, de uno en uno, y luego la harina previamente tamizada con la sal, la levadura y el bicarbonato. En un vaso, mezclamos la leche con el agua de azahar y la sumamos a la preparación, removiendo con la espátula.

Rellenamos con la masa resultante las tres cuartas partes de los moldes y los cocemos en el horno durante 25 minutos.

presentación

La exquisita decoración de estos cupcakes recuerda a las tartas de boda. Para hacerla tal y como se ve en la foto es necesario contar con una plancha de silicona que tenga grabados los surcos que aparecen en el fondant blanco. Esparcimos sobre ella un poco de azúcar glas y amasamos con el rodillo una bola de fondant que cortaremos en forma circular y pondremos sobre el cupcake formando una cúpula.

Pegamos en el fondant las flores y las grageas y ponemos el cupcake en un molde rosa. Los presentamos adornados con cintas o serpentinas rosadas.

Dulce luna de miel

Unidades: 12 • Tiempo de elaboración: 50 minutos • Dificultad: baja

INGREDIENTES

Mantequilla para engrasar • 220 g de harina •
¼ de cucharadita de sal • 93 g de cacao en polvo
(al 70% de cacao) • 225 g de azúcar •
2 cucharaditas de levadura • 6 huevos • 75 g de leche • Media taza de aceite

PARA DECORAR

250 g de mantequilla • 250 g de grasa vegetal • 450 g de azúcar glas •
Una cucharadita de esencia de fresas • Colorante rojo •
48 flores blancas de azúcar

elaboración

Engrasamos los moldes y encendemos el horno a 180 ºC. Tamizamos la harina con la sal,
el cacao, el azúcar y la levadura. Mezclamos los huevos con la leche y el aceite. Una vez
que esta mezcla sea homogénea, le agregamos los ingredientes secos, poco a poco,
batiendo hasta conseguir una masa cremosa. Rellenamos con la mezcla las tres cuartas
partes de cada molde y cocemos los cupcakes en el horno durante 20 minutos.

presentación

Con una batidora, mezclamos la mantequilla con la grasa vegetal y el azúcar glas hasta lograr una
crema uniforme. Añadimos la esencia de fresas y unas gotas de colorante. Rellenamos con la
preparación una manga pastelera de boquilla plana que guardaremos en la nevera durante media
hora. Antes de servir los cupcakes, los decoramos con la manga poniendo sobre cada uno de ellos
cuatro flores de azahar blancas, símbolos de pureza. La presentación se completa con un delicado
lazo rosa alrededor de cada pastelito.

Ramo de novia

Unidades: 12 • Tiempo de elaboración: 1 hora y 10 minutos • Dificultad: baja

INGREDIENTES
Mantequilla para engrasar
3 huevos
100 ml de aceite
50 ml de leche
125 g de azúcar
200 g de harina
2 y ½ cucharaditas de
levadura
Una cucharadita de vainilla

PARA RELLENAR
3 yemas de huevo
100 g de azúcar
20 g de harina
40 g de maicena
½ l de leche

PARA DECORAR
250 ml de nata para montar
100 g de azúcar glas
36 rosas de azúcar de
distintos colores

elaboración y relleno

Engrasamos los moldes con un poco de mantequilla y encendemos el horno a 180 °C Batimos los tres huevos con el aceite y la leche; les añadimos el azúcar y luego, poco a poco, la harina tamizada junto con la levadura y la esencia de vainilla. Mezclamos bien todos los ingredientes y llenamos las tres cuartas partes de los moldes con ellos. Los horneamos durante 25 minutos, comprobando con un palillo que estén bien cocidos.

PARA EL RELLENO. Batimos en un bol las yemas junto con el azúcar hasta obtener una crema. Incorporamos la harina y la maicena y mezclamos bien. Ponemos medio litro de leche al fuego y antes de que empiece a subir, le añadimos la mezcla que hemos preparado y esperamos a que levante el hervor batiendo con las varillas. Una vez que haya subido, la retiramos del fuego y batimos un poco más. Cuando se enfríe, cortamos la tapa superior de los cupcakes, los ahuecamos y ponemos una cucharada de crema en su interior, colocamos la tapa nuevamente y decoramos.

presentación

Montaremos la nata en un baño María inverso; es decir, pondremos en un bol un poco de agua y cubitos de hielo. Sobre ellos, esparcimos sal gorda y dentro de ese bol ponemos otro más pequeño con la nata y empezamos a batir. Cuando espese, le añadimos la mitad del azúcar y continuamos batiendo hasta que espese un poco más. Luego agregamos el resto del azúcar. Rellenamos una manga pastelera de boquilla plana con la preparación y trazamos unas cintas sobre los cupcakes. Ponemos sobre la nata unas rosas de azúcar y unas hojas formando un singular ramo de novia.

Aniversario de boda

Unidades: 12 • Tiempo de elaboración: 1 hora y 10 minutos • Dificultad: media

INGREDIENTES

200 g de mantequilla y algo más para engrasar

240 g de azúcar

Una cucharadita de esencia de vainilla

La ralladura de la cáscara de un limón

3 huevos

300 g de harina

Una cucharadita de levadura

PARA DECORAR

¼ kg de nubes blancas

Mantequilla para engrasar

½ kg de azúcar glas

Toppings de colores

elaboración

Precalentamos el horno a 180 °C y engrasamos los moldes. Ponemos en un bol la mantequilla en forma de pomada, a temperatura ambiente y añadimos el azúcar, la vainilla y la ralladura de cáscara de limón. Batimos estos ingredientes enérgicamente hasta conseguir una pasta cremosa.

Añadimos los huevos, de uno en uno, y una vez que estén mezclados, agregamos en dos o tres veces la harina tamizada con la levadura. Para mezclarla emplearemos una espátula con la que haremos movimientos envolventes.

Rellenamos los moldes hasta la mitad con esta masa y dejamos cocer los cupcakes en el horno durante 20 o 25 minutos. Tras comprobar que no estén crudos en su interior, los sacamos y dejamos enfriar.

presentación

En un bol ponemos las nubes troceadas con media cucharada de agua y las derretimos al baño María. Nos engrasamos las manos y la mesa de trabajo con un poco de mantequilla, hacemos un volcán con el azúcar glas y volcamos en su interior la pasta de nubes.

Amasamos la mezcla con una espátula incorporando poco a poco el azúcar y cuando se haya enfriado lo suficiente como para poder tocarla sin quemarnos, la trabajamos con las manos hasta conseguir una pasta lisa. Si se quiebra con facilidad, le echamos media cucharadita de agua y si está muy dura, volvemos a engrasarnos las manos. Cuando su textura sea flexible y blanda, la ponemos en una manga pastelera de boquilla rizada y hacemos un copete sobre cada cupcake. Completamos la decoración con *toppings* pequeños de colores, poniendo en el centro uno más grande que simbolice el aniversario.

Bodas de papel con moras

Unidades: 12 • Tiempo de elaboración: 1 hora • Dificultad: baja

INGREDIENTES

Aceite para engrasar

100 g de moras

175 g de mantequilla

175 g de azúcar

3 huevos

140 g de harina

Una cucharadita de esencia de vainilla

Una cucharadita de levadura

Una pizca de sal

100 g de mermelada de moras

PARA DECORAR

100 ml de nata

50 g de azúcar glas

50 g de moras

elaboración

Primero engrasamos los moldes de los cupcakes y encendemos el horno a 180 ºC. Lavamos bien las moras y las trabajamos con un pasapurés para obtener solamente su jugo. Ponemos en un bol la mantequilla con el azúcar y la batimos hasta obtener una crema suave. Le añadimos los huevos, uno a uno, y el zumo que hemos obtenido de las moras.

Agregamos a la preparación la harina tamizada con la esencia de vainilla, la levadura y la sal. Echamos una cucharada de masa en cada moldecito, sobre ésta una cucharadita de mermelada de moras y luego añadimos más masa hasta que quede a medio centímetro del borde (esta preparación no sube mucho). Cocemos los pastelitos en el horno durante unos 30 minutos o hasta que su superficie esté dorada.

presentación

Batimos la nata con el azúcar glas hasta que tenga una consistencia bien cremosa, pero no firme. Ponemos las moras bien lavadas en un colador y las presionamos con una cuchara para extraer el zumo. Agregamos el zumo a la nata y si queda demasiado líquida, la batimos un poco más para que gane consistencia. Bañamos cada cupcake con esta preparación. Para celebrar el primer año de casados (bodas de papel), se puede hincar una velita en el muffin o simplemente presentarlo como un regalo original con un lazo.

Muffins en pareja

Unidades: 12 • Tiempo de elaboración: 1 hora y 10 minutos • Dificultad: baja

INGREDIENTES

125 g de mantequilla y algo más para engrasar

100 g de azúcar

2 huevos

250 g de harina

Una cucharadita de levadura

5 cucharadas de leche

200 g de chocolate blanco

PARA DECORAR

200 g de azúcar glas

Una cucharadita de esencia de vainilla en polvo

elaboración

Engrasamos los moldes de los muffins y precalentamos el horno a 180 ºC. Ponemos la mantequilla en un bol y la batimos con una cuchara de madera. Cuando esté blanda, le añadimos poco a poco el azúcar sin dejar de batir y luego los huevos, de uno en uno. Tamizamos la harina con la levadura y la sumamos a la masa; cuando se haya incorporado, agregamos la leche. Con ayuda de un pela patatas hacemos virutas con el chocolate blanco y lo añadimos a la preparación mezclándolo con movimientos envolventes.

Con la masa obtenida rellenamos los moldes hasta medio centímetro del borde y horneamos los muffins durante 25 minutos.

presentación

En un recipiente, ponemos el azúcar glas y la cucharadita de esencia de vainilla en polvo y los mezclamos bien. Ponemos sobre una bandeja los muffins ya fríos y volcamos el azúcar en un colador pequeño de trama fina. Con él espolvoreamos los pastelitos.

Para mejorar la presentación, podemos colocar cada uno en un segundo molde de color o una cinta con la que hacer un lazo alrededor del pastelito.

Regalo salado

Los muffins salados son una excelente opción para la mesa de una cena fría. Admiten una gran variedad de ingredientes y se pueden tomar solos, como entrantes o en sustitución del pan durante una comida. Su preparación es muy sencilla y su presentación atrae a la vista y despierta el apetito, además de ser una manera mucho más original de presentar los ingredientes de toda la vida.

Aperitivo de gambas

Unidades: 6 • Tiempo de elaboración: 50 minutos • Dificultad: baja

INGREDIENTES

140 g de harina • 2 cucharaditas de levadura • Una pizca de sal •
2 cucharaditas de curry • Un huevo •
Media taza de leche • 300 cl de aceite •
100 g de gambas peladas

PARA DECORAR

Dos varillas de romero fresco •
Salsa mayonesa o salsa rosa (opcional)

elaboración

Tamizamos en un bol la harina, la levadura, la sal y el curry. En otro bol, batimos ligeramente el huevo junto con la leche y el aceite. Volcamos esta mezcla sobre la harina y unimos ambas preparaciones con pocos movimientos; los suficientes para que se integren los ingredientes. Cortamos las gambas en trozos pequeños y las sumamos a la masa, mezclándolas con movimientos envolventes.

Rellenamos con esta pasta los moldes, poniendo sobre cada uno de ellos, en el centro, una gamba a modo de adorno. Cocinamos en el horno durante unos 25 minutos o hasta que estén dorados. Antes de sacarlos, comprobamos con un palillo que estén bien cocidos.

presentación

Podemos decorar estos muffins, ideales para los amantes de la cocina india, con unas hojitas de romero fresco. También podemos servirlos cubiertos de mayonesa o de salsa rosa, que se prepara mezclando a partes iguales mayonesa y salsa ketchup.

Bocaditos de bacón y queso

Unidades: 12 • Tiempo de elaboración: 50 minutos • Dificultad: baja

INGREDIENTES

Aceite para engrasar

150 g de bacón en taquitos

175 g de harina

Una cucharadita levadura

Media cucharadita de sal

Pimienta negra recién molida

2 huevos

200 ml de leche

85 g de mantequilla derretida

Una cucharada de perejil picado

50 g de queso parmesano rallado

PARA DECORAR

100 g de queso de untar

Pimienta blanca

Una cucharada de perejil picado

elaboración

Precalentamos el horno a 180 ºC y engrasamos los moldes con aceite. Ponemos el bacón en el microondas unos minutos para que esté crocante y lo dejamos enfriar sobre un trozo de papel de cocina para que absorba el exceso de grasa.

En un bol grande, tamizamos la harina, la levadura, la sal y la pimienta negra. En otro, batimos ligeramente los huevos junto con la leche y la mantequilla. Volcamos esta preparación, el perejil picado y el bacón sobre la harina. Integramos los elementos con la espátula empleando la mínima cantidad de movimientos posibles.

Rellenamos las tres cuartas partes de los moldes con la masa, la espolvoreamos con un poco de perejil y bacón y horneamos los muffins durante 25 minutos. Antes de sacarlos, los espolvoreamos con queso rallado como original cobertura.

presentación

Estos sabrosos muffins ganan el paladar de quienes gustan de los sabores fuertes. Se pueden presentar en moldecitos de diversos colores o bien decorados con flores. También admiten una capa de queso para untar mezclada con un poco de pimienta blanca y perejil picado.

Canapés de calabaza y queso

Unidades: 12 • Tiempo de elaboración: 1 hora • Dificultad: media

INGREDIENTES

¼ kg de calabaza

2 cucharadas de mantequilla

Medio limón

2 pizcas de sal

Una cucharada de azúcar

Aceite para engrasar

375 g de harina

2 huevos

50 g de queso emmental rallado

125 g de mantequilla derretida

PARA DECORAR

Una cucharadita de perejil picado

2 cucharadas de queso emmental rallado

elaboración

Cortamos la calabaza en dados pequeños y la ponemos en un cazo junto con dos cucharadas de mantequilla, el zumo de medio limón, un poco de sal y una cucharada de azúcar. Tapamos el cazo y la cocinamos a fuego lento durante 20 minutos, removiendo de vez en cuando para que no se pegue. Reservamos. Encendemos el horno a 200 ºC y engrasamos los moldes con aceite. Tamizamos la harina con una pizca de sal y, en otro recipiente, batimos ligeramente los huevos con el queso y la mantequilla derretida. Hacemos un hoyo en el centro de la harina y en él echamos los huevos, integrando con la espátula todos los elementos. Rellenamos las tres cuartas partes de cada molde con esta preparación y, sobre ella, añadimos una cucharadita de la calabaza glaseada que hemos reservado.Los cocemos en el horno durante unos 25 o 30 minutos. Antes de sacarlos, pinchamos uno de ellos con un palillo; si al sacarlo no tiene masa pegada, es señal de que están bien cocidos.

presentación

Espolvoreamos los muffins con el perejil picado y el queso. También podemos poner sobre ellos una cucharadita más de calabaza glaseada. Estos muffins también pueden hacerse reemplazando la calabaza por zanahoria o por patatas dulces (boniatos) y son muy aceptados para los que gustan de los toques dulces en las comidas saladas.

Panecillos de brócoli

Unidades: 12 • Tiempo de elaboración: 50 minutos • Dificultad: baja

INGREDIENTES

2 cucharadas de aceite de oliva

12 cogollos de brócoli

Un diente de ajo

3 huevos

Una pizca de sal

Una pizca de pimienta negra

Una pizca de nuez moscada

150 g de harina

Media cucharadita de bicarbonato

Media cucharadita de levadura

PARA DECORAR

6 mandarinas

elaboración

Encendemos el horno a 180 °C y engrasamos los moldes con una cucharada de aceite. Hervimos el brócoli y lo reservamos. En una sartén, echamos el resto del aceite de oliva, el ajo fileteado y lo dejamos dorar un poco. Batimos los huevos con sal, pimienta y nuez moscada. Finalmente, añadimos la harina previamente tamizada con el bicarbonato y la levadura. Rellenamos con esta preparación las tres cuartas partes de los moldecitos e introducimos en cada uno un cogollo de brócoli. Después, los cocemos en el horno durante unos 25 minutos.

presentación

Estos panecillos constituyen un delicioso refrigerio en los días en los que, por trabajo o estudio, no tenemos demasiado tiempo para disfrutar de una comida abundante. También son una buena opción para llevar en una excursión campestre e incluso como almuerzo escolar. Quedan muy bonitos partidos por la mitad, de manera que se aprecie el brócoli, y es mejor servirlos con gajos de mandarina.

Tapa de salmón

Unidades: 12 • Tiempo de elaboración: 1 hora • Dificultad: media

INGREDIENTES

Aceite para engrasar

170 ml de leche

Una cucharada de zumo
de limón

280 g de harina

Media cucharadita de
levadura

Media cucharadita de sal

Media cucharadita de
bicarbonato

2 huevos

150 g de mantequilla

PARA RELLENAR

Un pimiento del piquillo de lata

3 cucharadas de alcaparras

300 g de salmón ahumado

PARA DECORAR

2 pimientos del piquillo de lata

100 g de mantequilla

Tiras de salmón ahumado

elaboración y relleno

Precalentamos el horno a 180 ºC y engrasamos los moldes con aceite. En un vaso, ponemos la leche, le añadimos una cucharada de zumo de limón y la dejamos reposar cinco minutos. En un bol, tamizamos la harina junto con la levadura, la sal y el bicarbonato y en otro, batimos los huevos con la leche y la mantequilla derretida. Juntamos las dos preparaciones trabajando la masa con una espátula y realizando pocos movimientos; los suficientes para unir los ingredientes. Rellenamos con la pasta resultante los moldes y los cocemos en el horno durante unos 20 minutos. Antes de sacarlos comprobamos que estén bien cocidos.

PARA EL RELLENO. Picamos finamente el pimiento, las alcaparras y el salmón y los mezclamos. Cuando los muffins estén fríos, cortamos la parte superior, los ahuecamos un poco con una cucharilla y le ponemos este relleno volviéndolos a tapar.

presentación

Si queremos una decoración más elaborada, podemos triturar con la batidora dos pimientos del piquillo, de lata, con la mantequilla, haciendo una crema con la cual los untaremos. Podemos poner sobre ella una flor hecha con un trocito del mismo pescado.

Tentempié de la huerta

Unidades: 12 • Tiempo de elaboración: 1 hora • Dificultad: baja

INGREDIENTES

2 zanahorias medianas

6 coles de Bruselas

Un calabacín pequeño

Un puerro

6 cucharadas de aceite de oliva y algo
más para engrasar

2 pizcas de sal

Pimienta negra

Medio limón

5 hojas de hierbabuena fresca

150 g de harina

Media cucharadita de levadura

Media cucharadita de bicarbonato

3 huevos

PARA DECORAR

Moldes de colores

Hojas de hierbabuena

elaboración

Rallamos las zanahorias, cortamos las coles de
Bruselas en juliana, picamos finamente el calabacín
y la parte blanca del puerro y salteamos estos
ingredientes en la sartén con dos cucharadas de
aceite. Le añadimos sal, pimienta negra, la cáscara
de medio limón rallado y las hojas de hierbabuena
picadas; los mantenemos en el fuego hasta que
hayan pochado.

En un bol, tamizamos la ha harina con la levadura,
el bicarbonato y una pizca de sal. En otro, batimos
los huevos con dos cucharadas de aceite.
Mezclamos el preparado de ambos boles y luego le
añadimos las verduras pochadas. Engrasamos los
moldes y los rellenamos con la pasta las tres cuartas
partes. Los horneamos a 180 ºC durante 25
minutos. Antes de sacarlos del horno,
comprobamos que estén bien cocidos.

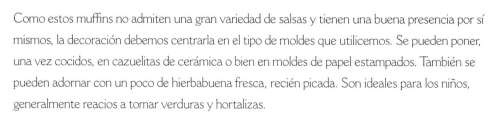

presentación

Como estos muffins no admiten una gran variedad de salsas y tienen una buena presencia por sí
mismos, la decoración debemos centrarla en el tipo de moldes que utilicemos. Se pueden poner,
una vez cocidos, en cazuelitas de cerámica o bien en moldes de papel estampados. También se
pueden adornar con un poco de hierbabuena fresca, recién picada. Son ideales para los niños,
generalmente reacios a tomar verduras y hortalizas.

Términos usuales

A fuego lento. Cocción lenta y gradual que se realiza con muy poca llama.

Almíbar. Resultado de la cocción de azúcar disuelta en agua. Según sean las proporciones y la densidad que adquiera, recibe diferentes nombres o puntos.

Amasar. Unir con las manos los diferentes ingredientes que componen una masa a fin de hacerla sólida, compacta y homogénea.

Aromatizar. Añadir a una preparación esencias o condimentos para realzar su sabor y darle un aroma determinado.

Azúcar glas. Azúcar blanco pulverizado.

Baño María. Calentar lenta y uniformemente un alimento poniendo la cazuela que lo contiene dentro de otra con agua hirviendo.

Baño María inverso. Mantener una preparación a baja temperatura sumergiendo el recipiente que la contiene dentro de otro con hielo. Se suele emplear para batir la nata.

Batir. Mezclar enérgicamente, con movimientos circulares y ascendentes, los ingredientes que componen una crema o una masa, de modo que entre el suficiente aire en la mezcla como para aumentar su volumen.

Boquilla. Cono de metal o plástico que se acopla al vértice de la manga pastelera para dar diferentes formas a las cremas.

Canutillo. Cono de papel vegetal empleado como manga pastelera.

Cobertura. Tipo de crema muy empleada en pastelería que se usa para cubrir tartas y pasteles. También recibe este nombre un tipo de chocolate que se funde fácilmente.

Cola de pescado. Es uno de los principales ingredientes en la elaboración de las gelatinas. Se suele encontrar en el mercado en forma de láminas o en polvo. También es conocida por el nombre de gelatina neutra.

Decorar. Adornar y embellecer una preparación culinaria.

Engrasar. Untar con un producto graso (manteca, mantequilla o aceite) una fuente, papel de horno o molde para que la masa que se cocine en él no se pegue.

Espolvorear. Esparcir sobre un alimento un ingrediente en forma de polvo, pequeños granos o virutas.

Fundir. Derretir alimentos sólidos mediante la acción del calor.

Glasear. Cubrir la preparación con una capa líquida en cuya preparación, en repostería, suele intervenir el azúcar glas y el agua.

Manga pastelera. Utensilio de cocina formado por un paño cosido en forma de cono en cuyo vértice truncado se colocan diferentes boquillas. Se emplea para distribuir y dar forma a las cremas.

Merengue. Preparación hecha a base de claras de huevo batidas a punto de nieve y azúcar. Por lo general, se aromatiza con vainilla y se le añaden otros ingredientes (coco rallado, almendras, etc. Se puede emplear como cobertura o relleno de tartas y pasteles.

Montar. Batir un preparado enérgicamente hasta que espese, utilizando para ello un tenedor, varillas o batidora eléctrica.

Pochar. Freír a fuego lento un alimento en un cazo o sartén hasta que adquiera una consistencia blanda.

Punto de pomada. Punto que se obtiene trabajando una crema, salsa o mantequilla hasta conseguir una consistencia similar a una pomada. También se denomina así la mantequilla que, por estar a temperatura ambiente, es muy blanda.

Rebozar. Cubrir un alimento con algún otro ingrediente rallado, molido o en polvo, o bien formado por elementos pequeños (grageas, láminas de almendra, semillas de amapola, etc.).

Rociar. Verter o esparcir un líquido en gotas muy pequeñas.

Triturar. Moler o desmenuzar un alimento sin que llegue a pulverizarse.

Varilla. Utensilio de cocina hecho con alambre que se emplea para batir.

cupcakes

Índice de americanismos

Aceite. Óleo.

Albaricoque. Damasco, albarcoque, chabacano.

Alcaparra. Pápara.

Almíbar. Jarabe de azúcar, agua dulce, sirope, miel de abeja.

Azúcar glas. Azúcar glacé.

Bacón. Tocino ahumado, panceta ahumada, tocineta.

Bizcocho. Biscocho, galleta, cauca.

Cacahuete. Maní.

Calabacín. Calabacita, zambo, zapallito, hoco, zapallo, italiano.

Cereza. Capulín, capulí.

Chocolate. Cacao, soconusco.

Crema de leche. Flor de leche.

Curry. Cary.

Frambuesa. Mora.

Fresa. Frutilla.

Gamba. Camarón, langostino.

Gelatina. Jaletina, granetina.

Hierbabuena. Hierbasana, hierbamenta, huacatay.

Limón. Acitrón, bizuaga.

Maicena. Capí.

Mantequilla. Manteca.

Manzana. Pero, perón.

Melocotón. Durazno.

Merengue. Besito.

Mora. Nato.

Nata líquida. Crema de leche sin batir.

Nuez. Coca.

Pan de molde. Pan inglés, pan sándwich, cuadrado, pan de caja.

Pasas. Uva pasa, uva.

Pastel. Budin.

Patata. Papa.

Pimienta. Pebre.

Pimiento. Ají, conguito, chiltipiquín, chiltona.

Piña. Ananás, abcaxí.

Plátano. Banana, banano, cambur, pacoba.

Pomelo. Toronja, pamplemusa.

Puerro. Ajo-porro, porro.

Tomate. Jitomate.

Zanahoria. Azanoria.

Índice de recetas